U0137570

洋务风云

一场场面宏大、深蚀骨髓的社会变革

意欲自强, 却遭遇惊涛骇浪, 万难之中砥砺前行

狂风暴雨之中, 洋务派为朝廷破碎的脊梁, 撑起一把伞

千江月　著

团结出版社
UNITY PRESS

图书在版编目（CIP）数据

洋务风云 / 千江月著 . 一北京：团结出版社，
2023.3

ISBN 978-7-5126-9791-1

Ⅰ . ①洋… Ⅱ . ①千… Ⅲ . ①洋务运动 Ⅳ .
① K256.1

中国版本图书馆 CIP 数据核字 (2022) 第 203711 号

出　版：团结出版社
　　　　（北京市东城区东皇城根南街 84 号　邮编：100006）
电　话：（010）65228880　65244790（出版社）
　　　　（010）65238766　85113874　65133603（发行部）
　　　　（010）65133603（邮购）
网　址：http：//www.tjpress.com
E-mail：zb65244790@vip.163.com
　　　　tjchsfxb@163.com（发行部邮购）
经　销：全国新华书店
印　装：三河市东方印刷有限公司

开　本：170mm×240mm　16 开
印　张：15
字　数：218 千字
版　次：2023 年 3 月　第 1 版
印　次：2023 年 3 月　第 1 次印刷

书　号：978-7-5126-9791-1
定　价：48.00 元

目 录

第一章

千古未有之大变局

一、反攻倒算

谁下黑手？

太平天国平定，捻军平定，鸦片战争打完，大家日子似乎都好过了，男女老少似乎都可以在家里摇摇扇子，拍拍身上灰尘，想想今天做点什么好吃的。

确实有人正在过着这种享乐日子。

但是，更多的人过着另类日子。

在安徽南部、江苏南部、浙江东部，这些地区以前是全国最富庶的地方，人口稠密。

经过一场接一场的战争之后，大街上没有看到卖猪肉的，倒是有偷偷卖人肉的（"皖南及江宁各属，市人肉以相食。"《曾文正公奏稿》卷二十四）。

现在这里处处是"破壁颓垣，孤嫠弱息，仅存者饥疲不堪，面无人色。甚则槁死破屋之中，赀骼纵横，无人收殓，疫色流行，田土荒废。"（《左文襄公奏疏》卷二第35页）

人们不禁要问，这些地方以前是太平军占领地域，如此这般惨绝人寰人祸，是不是太平军造孽？

标准答案是："NO"。

早期太平军纪律严明。大家应该还记得东王杨秀清那个砍脚规定吧：左脚入民户者即砍左脚。后期太平军虽然纪律远不如以前，但是，造成如此严重灾难的，是清军。

我看到类似记载太平军情形的书籍，绝不只一本，而且往往称太平军为贼。从这一点可以看出，这些书的作者是站在太平军敌对立场上记叙他们亲眼看到的情形。

有个作者叫李圭，他叙述说，这个贼军纪律严明，秩序安定。在他书里，我看到这样十分触目的文字：官军败贼及克复贼所据城池，其烧杀劫夺之惨，实较贼为尤盛。

这位作者描述情形大致是这样：太平军溃败之后，官军就到了，他们看到财物就抢，看到人就杀，"惨不忍睹，余不堪言"。

堂堂政府官军，应该是保护民众，为何看到人就杀，看到财物就动手抢呢？

有学家对这种历史乱象做了理论分析。

历史学家们论据普遍有两点：一、大家都是人，弄点财物，也不算过；二、报复心理作祟。

以曾国藩兄弟曾国荃为例，他率领湘军攻破天京之后，干吗去呢，是不是搞庆祝活动？

这个时候，哪有时间搞庆祝活动，现在不趁机捞一把，以后类似于这样攻陷贼军巢穴的机会可是不多。

天京城破时，太平军只有一万多人，其中一部分是在混乱之中突围出城。也就是说，留在天京城里的太平军，顶多几千来人。

而曾国藩给皇上的报告里，非常清楚地说，曾国荃所部在南京城内分段搜杀，三日之间共毙贼十余万人。"秦淮河里，尸首如麻。"

这里麻，绝不是形容词，而是真实情况。就是小学生也算得出来，从几千到十万，这多出来的人头是哪来的呢？

不会是从城外捉来平民冒充太平军吧？那就只有一种可能，湘军把南京城居民都当作贼军给杀头了。

为什么湘军要这么做，难道湘军杀人成性么？

曾国藩手下湘军都是孔孟之道忠实信徒，当然不会把杀平民百姓作为军队本性。

注意一下曾国藩报告后半部分，就发现他还有另一段与之相关联的叙述。他说，太平军败逃时，他们自己还放火焚烧宫殿，大火连烧三日三夜。

是太平军自己放火吗？还是有人别有用心放火？这已经是一个历

史谜团，没有人做记载，也许是有人故意不作真实记载。

在犯罪学上，罪犯们遗留证据往往形成一个证据链，所有证据链最终都会指向一个目标。

解开一个历史谜团也需要证据链条。

当时，中外纷纷传说，洪逆之富，金银如海，百货充盈，但是，湘军占领后，却没有能够找到任何库藏。曾国藩在皇帝的报告中写道："克复老巢而全无货物，实出微臣意计之外，亦为从来罕见之事。"

打一场大胜仗，烧太多宫殿，杀十万民众，却没有看到一分钱货物。真是鬼都不相信啊！

所以，我的推论就是，湘军占领南京之后，抢劫全部财物，据为己有。然后纵火焚烧，毁灭踪迹。

为根除大家的悬念，我再找个旁证。

有个人叫赵烈文，是曾国藩的幕僚，相当于军队参谋，他喜欢的业余活动是记日记。在城破之后第七天，这位幕僚来到南京，亲眼看到当时情景，并且在他日记里记了下来。

那些老弱本地人，如果没有能够在家里挖窖钻入地下，就会全部被杀死。沿街死尸，十具有九具是老头。那些小孩子，还没有满三岁，全部丢在地上乱爬着，大家都在那里做杀小孩的游戏。全城看不到一位四十岁以下的少妇，而老一点的女人，全都负伤，不是砍十刀，而是砍数十刀，都倒在地上哀号。这种痛哭声，实在让人受不住。（古文难读，这一段是我如实翻译）

这就是说，湘军攻陷南京之后，主要做两件重要工作：杀人，抢劫。杀人很简单，而抢劫很复杂：除抢财物，还要抢女人。顺便说明一下，强壮男人也成为抢劫对象，因为抢回家去，可以当家奴使唤，强迫他们服劳役，直到他们死去。

在湘军攻破南京之后第三十个年头，湖南人谭嗣同来到这里。看到这里满地荒寒，他就向当地人打听起其中缘故来。据当地人说，当初太平军占据南京时，并没有烧杀抢掠，大家生活跟往日也差不多。可是，湘军攻破城池时，见人就杀，见屋就烧，"女子玉帛，悉数扫入湘军"，从此昔日富饶的金陵就变成一座穷城。

纵军屠杀使得这些地区人口数量急剧减少。下面这组数字虽然枯燥，却能说明这些地区受伤害的程度。

江苏省吴江县，战前（1820 年）人口 57 万；战后（1864 年）人口 20 万。

浙江省嘉兴县，战前（1838 年）人口 52 万；战后（1863 年）人口 15 万。

现在情况是，人弄没了，田地还在那里。成片耕地都成无主荒地。战争期间，有钱地主们拖家带口逃亡远去。战争结束后，这些地主们纷纷回到家里，推开家门一看，曾经的佃农，当初个个当兵（太平军），尔后又都在战争中战死。现时回到家的地主，手中有土地，却找不到耕地种田人，这实在成为这个时期地主们的难题。

天上馅饼掉哪家？

面对这些地区大量无主荒地，皇帝想出一个办法，责令地方官招请民众垦荒。皇帝在上谕中指示地方官，你们借些种子给农民，让他们乐于耕地种田。

上面想法是好，政策是好政策，到下面却没有办法执行。因为官府里有负责招聘农民的官员，官家仓库里也有种子，就是没有人来应聘这个叫"农民"的职位。原因只有一个，这些地方压根儿就没有人，看不到人影子，你到哪里能招请到耕地民众？

有些地主也想种种办法来招人种田。地主们以往招佃户，是把自己的田地租给佃户种，打下粮食按约定比例分摊。现在地主们改变办法，"只要你愿意来耕种我家田地，我先行给你付一定的开荒费"（相当于签合同时先付定金）。地主们想出的办法是好，但是，地主们手中拿着钱，还是遇到跟官府一样的难题：十里八乡，压根儿就没人。

最后，无论是官府县太爷还是地主家老爷，大家都想到一个办法：到外省去招人。江苏、浙江招到不少来自湖北、湖南的盲流。安徽、江西两个省官员及地主们也四处招请盲流来他们家乡打工。

一时之间，这些缺人的地方来了不少打工族。

人是来了，工资如何支付就成大家讨论的重要话题。为吸引人才，官员们留住人才，对那些无主荒地，官员们也开始忽悠这些前来垦荒的盲流。官员们口头上告诉他们，"这些荒地，你们弄弄能耕种之后，就归你们所有。"这话听起来，实在太有诱惑力，要知道，在当时的条件下一个人在自己原来家乡，苦苦奋斗一辈子，也弄不到能够归自己所有的一亩田地，而今只要将那些长满野草的地块用锄头翻过来，种上几茬庄稼，这田地就归自己所有，实在太好了。

这些打工盲流忘记了一件事，那就是天上从来不曾掉下馅饼，这次掉下来的，说不定是冰雹。

如果忘记这句话，用另外一个方法来弥补，也应该问题不大。在开垦之前，或是在开垦过程中，请官府老爷写一份证明材料或承诺书给你。

如果你这两样都没有做，扛着锄头就去干活，就有人来打擦边球。

清朝农民都没有学过法律，也就没有高度重视上面所提及的重要工作。某一个人打擦边球成功，后面打擦边球者就会一个接一个地来。

这些无主荒地，被盲流们垦得多少有些眉目时，就有人自称是原地主人，串通局董书差，具结领回。

盲流们白白地忙活几年，结果往往是为他人作嫁衣。

以后接受教训吧，凡事最好要多个心眼，否则，往往是自己出汗表演，别人悄悄地在门口卖门票收钱，然后暗笑着走人。

注意，荒地分两类，一类是无主荒地，原有地主在战争中死亡。这类地为国家所有，县老爷说话算数；另一类是地主家荒地，属于地主个人不动产。

地主们在招请盲流们垦荒时跟打工人签好协议。在垦荒初期，这些书面协议，让打工者很有盼头。

表面上看，这些穿鞋子者还是尊重打赤脚的。

但是，在协议里，读书人发挥自己的才能，故意做手脚。当然，在垦荒前两年，没有读过书的打工者看不出来。

一两年之后，荒地变成良田，于是，东家就用"人为地提高地租"的方法，加倍地收回本应该属于你的那些定金。

虽然地租涨上去了，多少你还有田可种嘛，但是仔细一看，打工者发现，他们和地主签的长期劳动合同已完全不平等，大大地变了味。

名义上看，打工者在那份土地上辛勤劳动，成为土地半个主人；而实际上，那份土地也成为束缚佃农的一种手段。

没有这份长期合同，打工人还可以找到别的东家，种同样多的田，得到更多收入。

不少打工者把这份辛辛苦苦挣得的土地看成自己的恒产，结果往往被东家抬高地租，敲骨吸髓。

重新洗牌

经过十八年战争，在战争频繁地区，地主们的土地重新洗牌。以前大地主没落，中小地主也破产。在战争中成长起来一批新权贵，靠着手上兵权和把头提在裤带上换来官权，成为新地主，有的甚至成为巨富。

以曾国藩为例。以前这位湖南湘乡小地主，家里也有几亩薄地，在当地人眼中，不怎么起眼。只是他读书还可以，考试也还行，在北京当个不大不小的官，购买田地渐渐多几亩，但那也多不到哪里去。而战后曾国藩家土地，那就多得惊人。单单是他弟弟曾国荃家，仅耕地一项（不包括山林、河流等）就有6000亩。

与曾国藩田地数量媲美的人不在少数，其中之一，有他学生李鸿章。李鸿章老家在合肥，李氏兄弟一共有六个人，集中在他们六兄弟手中的土地，仅仅耕地一项达到六十万亩。河南项城袁甲三，曾带着团练东一榔头西一榔头剿灭捻军。战前他不过是个小得可怜的地主娃，战后，凭着他那份军功，拿到的耕地达到五千亩。知道他的人，还有可能知道他一位侄孙袁世凯，不过，目前，这位侄孙才刚刚出世。

一些有兴趣的同学喜欢翻看这一时期的史料。有位同学在我讲课时就兴奋地提出来，在这一时期政府行文中，有"减收田赋"的规定，可以断定在政府最高层，已经看出战争对社会经济严重破坏，政府已经在致力于恢复经济，解决民生问题。

我要说，这位同学说对一半。

一项政策，不能只是看它如何制定、如何发布，关键是要看如何执行。在这一时期，政府不止一次宣布减收田赋（按田亩多少摊派国家赋税），而不是减收田租。

一字之差，相差就是万里。田赋由谁来交纳？田地所有者，即地主。按什么标准来交纳？按田地数量。

田租由谁来交纳？是田地耕种者，也就是佃农。

政府减轻的是地主负担，而不是佃农负担。

那么，国家对地主负担减轻，地主是不是就相应地减轻佃农负担呢？

这有两个方面佐证。一是直接证据：事实上，地主对他们的佃农并不友好，他们丝毫不会因为田赋减轻就对佃农少收一分钱地租。二是国家高层制定这一政策的出发点。

国家高层制定这一政策的出发点，在于两个方面，一是战争事实上已造成经济下滑，国家不可能像以前那样足额地征收到田赋。既然收不到，那就在政策上放松点，今年田赋，政府就少收些，明年再说。政府做个这样人情，何乐而不为？二是在大乱之后，政府要团结的人是谁？要安定的人是谁？不会是那些打工盲流，而是那些有钱地主老财们。盲流要造反，可不是一般难；有钱富户要造反，那就有些难对付。想想看，当年洪秀全、石达开、韦昌辉、冯云山，哪一位不是小有钱财的地主？这四个人中，没有一位是佃户出身。

二、都来清朝拼经济

▶▶ 企业竞技场赢家 ◀◀

刀切历史手法

现在，我们有必要把眼光从清朝挪开，移到地球上某个地方，一个影响全球政治、经济、军事格局的地方。这个地方就是西方。

这个西方与清朝古老传说中唐僧西天取经不一样。传说中西天是今天印度，那里产生过佛教。自从唐朝玄奘把那些佛教经书带回华夏之后，佛教在中国就开始广为传播。中国人民，上至皇族下至平民百姓，所受到的影响，从政治、经济到日常生活，从国家体制到人们信仰，真是太大了。

西方世界对清朝的影响力，虽然与西天地理位置不一样，在清朝传播内容不一样，但从这个时候开始，对清朝人影响程度之深、范围之广，也绝不比佛教对中国人的影响力小，而且还大大地超过。

具体来说，这个西方指的是西方资本主义各国，在近代史书中，我们习惯于称呼它们为"列强"。

我们在这里所说的这个时期，时间跨度大约在19世纪60年代初到90年代初，这些国家经济管理形式、政治统治形式，正在从一个阶段走向另一个阶段，也叫过渡时期。

前一个阶段，是垄断资本主义阶段，后一个阶段，是帝国主义阶段。许多读者明白，在这之前，还有一个阶段，叫自由资本主义阶段。

自由资本主义阶段，那就是针对封建主义阶段来说。封建社会体制之下，我们知道，它最大的特征之一是保守、封闭，而资本主义社会，相对于它来说，那就是自由、开放。

同样是人类社会，为什么形态却有着这么大的不同呢？

道理一大堆，也不是三言两语能说得清。但是，我要用一种方法，让大家一下子就能看清其中所以然。

社会发展形态其实与人成长过程类似，比如说一个人要经历儿童、青少年、成年、老年发展时期。这么一看，资本主义社会形态要经历自由—垄断—帝国……也就不难理解。

咋就不一样呢？

当资本主义国家纷纷进入帝国主义阶段时，面对着这么一个小小的地球，它们实在是感到地球上资源太不够用，海洋也太小，陆地也太小，特别是对落后殖民地资源（注意，这类资源更是有限），不得不展开一翻激烈争夺。争夺结果就是依着实力不同，多多少少分到一块小蛋糕。

到帝国主义阶段，这些主要资本主义国家，对它们殖民地或半殖民地采用多种多样的掠夺手法。但有一样很明显，大家都跑去采用一个更新更高效的手法，我们把这种手法叫作掠夺性资本输出。就是有钱国家大老板背着他们口袋里的钱，到穷国来投资。

当时这对我们穷国来说，应该是件大好事呀。

而那个年头，洋老板们带来的钱，伴随着他们大肆攫取的政治特权。

现在，我们吸引来洋老板，他们在我们地盘投资建厂，他们获取利润，是合理利润；那个年代，洋老板获取的利润，利润率那不是一般高，那实在是超高，我们叫它们为超额利润。金钱一旦加入政治因素，这钱味道就不一样。或许这正跟我们通常喜欢吃面条一样。同样是面条，加进不同佐料再经过不同方法烹饪之后，味道那就大不一样。

办厂乱象

帝国主义列强对清朝实施大规模资本输出是在甲午中日战争（1894—1895 年）之后，在这之前，它们采取的经济掠夺方式，是在香港和各个通商口岸建立工厂。

洋老板们最早来到清朝建起带厂字标识的工厂，是英国和美国资本家在清朝建立的船厂。外国轮船开到清朝海面，机器出现故障，怎么办？总不能再漂洋过海拉回到英国或美国港口去修理吧，那也太费时、费钱、费力，而且太不安全。于是，从事船舶修理的洋老板，投资建立的修船厂就纷纷出现。他们雇请的工人，并不都是洋人，大多是清朝人。小规模的几百来人，大规模的有上千人。

紧接着，洋老板们投资的各种工厂，在这些通商口岸一个接一个蹦出来。磨粉厂、制药厂、制酒厂、砖茶厂、肥皂厂、榨油厂、缫丝厂、造纸厂、香烟厂、铁锅厂甚至把生鸦片制成鸦片烟膏的鸦片制造厂，都呼啦啦出现。

哪个行业能赚钱，老外袋子里装满钱就到清朝来办厂，不再像以往那样，万里之外用货船带点货物来清朝贩卖。

现在，老外来到清朝地面，买地雇人、买原材料，在清朝加工制造成货物，在清朝销售。带到清朝来的是小钱，带回母国那就是大钱，这就叫超额利润。

老外在清朝办厂规模较大的主要是缫丝厂、砖茶厂，因为这两个行业利润空间大，而且清朝资源丰富。

那时还有一些外资企业从事书籍、期刊和报纸出版业务。乍一看，这没什么，而且这个行业利润也不那么高。但是，这个行业有一个重大政治意义——它们在一步步地控制舆论——这就让他们有手段在意识形态上奴化清朝。它们就像无数张强大的嘴巴，在清朝人耳边不停地讲那些他们想讲的话，这可不是闹着玩的。

就业机会都给谁？

外资来了，是不是就给清朝人创造大量就业机会呢？

事情真实情况，比你想象得要复杂、诡异。

根据《天津条约》，列强们在清朝有内河航行权。

1862 年（同治元年），美国商人在上海成立旗昌轮船公司，在 19 世纪 60 年代就达到垄断长江航运商业的目标。

1872 年，英国商人也在上海成立太古公司，在清朝长江和沿海搞航运业，在商业竞争上，迅速做到"后来者居上"。

在这些洋人轮船运输公司成立之前，在清朝沿海和长江搞航行发财的，是清朝旧式帆船老板。洋船汽笛一响，这些清朝老板们可就要哭了。他们船上，以前客人坐得满满，如今，再也没有一个客人。所有客人全都跑到洋船上看新鲜。洋船票价便宜，坐在里面也舒适，速度也比帆船快，不怕风吹浪打，安全系数高。

洋船老板们笑弯腰，清朝船老板们哭肿眼。清朝帆船老板们的投资在洋船进攻面前打水漂。没办法，人家的船是机械动力，要开多快能多快；咱们船是帆船，靠老天爷吹风，他老人家要是不吹风，你就只好坐在船上慢慢地等，再着急也没办法（技术决定命运）。

这种情况，清朝一些政府官员也看在眼里急在心里，却束手无策。福建按察使郭嵩焘在光绪元年，向皇上报告说，"自从外国轮船进入清朝，清朝上海沙船、宁波钓船、广东红单船全失其利。及到内江，自汉口以下，各船废业者过半。"

总而言之，清朝沿海及内河航行业，遭受洋资运输公司重创，怎一个惨字了得。

1872年（同治十一年），由清朝政府出面，组建招商局，各方面联手出资，打造一个我们自己的长江航运公司。

但是，现实与理想之间实在太遥远。有政府背景，而且由政府官员们主持把握的长江航运公司，在与外国轮船公司竞争中，败下阵来（具体原因，后文详述）。

没办法，只能眼睁睁地看着人家太古公司、怡和公司的轮船成为清朝水面主人。

钱庄老板们败笔收场

现在不看外国工厂在清朝如何畅通无阻，而是来看一看这些工厂老板们最喜欢的东西——资金。这些资金的娘家——银行业，情况如何。

对于企业来说，资金就是河流源头那样的活水。无论是谁，控制资金，就控制了企业乃至政府生命线。

1858年，麦加利银行在上海设立分行（麦加利银行，亦称渣打银行，创办于1853年，总行设于伦敦，是英国皇家特许的殖民地银行）。

1865年，香港上海银行，又名汇丰银行成立。

这两家银行是英国对清朝进行经济掠夺的中心机关。它们多方面开展业务，向清朝商人和清政府放高利贷，在清朝发行钞票，一句话，控制清朝金融。

清朝原有银行业——清朝钱庄老板们拼尽力气与外资银行进行死亡较量，清朝钱庄老板们一个个败下阵来，成为外国银行的附庸。

居然都是非法经营

我们看到清朝作坊与外国公司较量，清朝钱庄与外国来的银行之间较量，其实，要是从法律角度上来说，这些胜利者来到清朝，没有一个是合法的。

为什么呢？

因为这些老外资本到清朝来设立银行、建立企业，没有任何条约上的依据。

这些聪明的老外们，为什么不在条约里写上这一条呢？

这就叫计划赶不上变化，连老外自己也没有想到形势变化会来得这么快。

就在那些和约被签订的时候（《南京条约》《北京条约》等），西方列强国家的商人来清朝做生意，操作手法还是弄点商品用海船运到清朝来卖；鸦片也好，棉布也好，叉子、刀子、帽子也好，没有一样是在清朝生产，全部是由商人们从本国生产成品之后运到清朝来。签订条约时，老外们也没有想到，自己国家的商人们会到清朝来买地建工厂开银行。

当然，老外们心知肚明，即使我弄这些公司、银行是非法的，你们又奈我何？难道你们清朝朝廷还敢来没收我经营所得不成？

▶▶ 海关水太深 ◀◀

宝物落洋人腰包

清朝政府的企业与银行这两大块经济基地就这么不明不白地丢失了，那么关系着国家命脉的海关，命运又是如何？

海关命运较量，这可是重量级，因为，前边两大块级别主要来自民间，政府方面没办法用经济手段直接参与，行政手段又基本上为零。而到海关，应该就大不一样，虽然也是经济行为，却完全是政府控制下的渠道运管。

在这一块，已然是洋人乱华。清朝在这个时候，海关已完全落入洋人手中。

清朝海关和对外贸易，在第二次鸦片战争和反太平天国战争后，完全被列强们控制。

咋会这样呢？

早在咸丰四年（1854年），英美法三国领事从上海官员们手中取得当地海关管理权。

为什么当地官员们敢于把这本来属于中央政府的大权托付给老外呢？因为上海官员不是一般官员，是一批买办们在那里既做生意又做官。而他们做生意，就是买办生意，即为洋人们服务的生意，为洋人们采购货物或是为他们经销商品。

第二次鸦片战争期间，任上海地方税务司的是英国人李泰国，被清朝官方任命为总税务司。

李泰国由于要为清政府到英国购买一支舰队，不得不于同治二年（1863年）辞去职务，他的继任者是英国人赫德。

这位赫德大人在总税务司任上坐的时间相当长。所谓相当长，就是45年，相当于一个人大半生，直到1909年。

在他手上，他为清朝建立并且完善清朝海关制度——完全为列强们支配的体制系统。他真正把精力用在了剥削清朝人民这件事上。

赫德制的这套制度规定，从同治三年（1864年）开始，清朝沿海十二个商埠（台湾占两个），以及沿长江九江、汉口海关税务司人选，都由总税务司委派，由英国人、美国人、法国人和其他外国人担任，唯独不能由清朝人担任。真正做到"华人与狗不得入内"选人标准。税务司以下较高级职员也必须全部是外国人，而且以后新增海关都必须照此办理。

这就像你家里娶一位洋媳妇一样，所有家庭收入都要放在她银行账号里，除她娘家人，你家任何人不得对她那银行卡里任何情况过问——老公也不行。你家新添人口长大、工作、有收入，也要一分不差地进入她腰包。你对这位家庭成员，感觉如何？是不是很爽呢？估计只要一看到这位洋媳妇，你是无论如何爽不起来。

清朝为着给自己留点面子，就做一点手脚，让税务司在名义上是政府派出海关的监督助理。

然而，老外是不要名，只要利。她可以是你家小媳妇，不是你家大婆婆，但是你家钱都得进入她腰包，她要怎么花，那是她的事，你根本就管不着。

各税务司只向总税务司负责，根本就不向海关监督负责。我名义上是你助理，我就是不向你负责。

总税务司官署在北京。总理各国事务衙门（相当于我们今天外交部性质）授权总税务司管理全国海关工作。

清朝海关就是由洋人们这么玩起来的。

洋媳妇做派

这些洋税务司们在清朝做哪些工作呢？

他们在清朝做的，绝不是小事，件件都是惊天地泣鬼神的大事。

《天津条约》和《北京条约》都有赔款规定，这些送往国外的钱，都由关税收入中逐年扣交。这些洋税务们天天坐在那里，用眼睛盯着你家每一分一厘的收入，以保证清政府对他们的赔款如期偿清。

老外们就是这样把清朝变成为他们打工的经济奴隶，牛吧。更牛还在后头呢。

某一天，这些奴隶们通过辛勤打工还清赔款，那么，理应还给他们自由之身。结果老外们说："NO"。

这一天就是同治五年（1866年），清朝已经给清对外赔款。然而，我要告诉你的是，这些殖民地管理性质的海关制度却依然保存着，一丝一毫没有变更，并且仍然起着殖民地管理、监督作用。

在和平时期，列强们会以各种各样名义向清朝勒索，这些款项，都由关税收入来支付。

清朝官方穷得不行，得向外国借钱来花。清朝向国外购买军火，这也是一笔大开销，都得靠借款。

这些借款，老外都要清朝政府用关税做担保。

这些管税洋人，不但把清朝变成为他们打工的奴隶，把奴隶打工取得每一份收入直接放入自己钱袋子，而且奴隶们的打工工钱也由他们与对方议定，具体来说，就是执行协定关税制度。

第一次鸦片战争结束，签订的条约里，就定下协定关税制度。通过这一制度，进口货物关税税率较以前大大降低，这就便利于列强们的货物进入清朝市场。

第二次鸦片战争期间，英国带头强迫清朝朝廷接受更低"值百抽五"税率。这一低税率一直持续半个世纪。清朝成为世界上进口税率最低的国家，清朝被大家看成货物倾销大市场。

实际上，列强们在清朝销售货物的数量实在不怎么样，甚至可以说是少得可怜。

为什么会这样呢？

是不是清朝民众都特别焕发出爱国热情，大家都只买国货不买洋货？

后文我们会提到，确实是有人，比如说张之洞，他发出不买洋货主张，然而实际情况是，国人们还没有觉悟到那个高度。国人们买货，向来是只比较价格，不看原产地，也很少有看品牌，因为大家都穷。

大家都没有钱，老外东西再怎么便宜、好看、实用，在清朝就是销不动。穷人们宁可到山上砍一根毛竹做 N 根吃饭用的筷子，也不会去买从英国运过来的进口餐勺。

一位英国作家哭着说，1865 年到 1885 年二十年间，清朝净入口额，实在是一种微不足道的增长，由六千万两增加到八千万两，如果将银两在这个时期下跌情况计算在内的话（由六先令跌到五先令），这样增长就几乎为零。

外国资本家们对这种状况很不满意，很是恼火……

洋货冲击力到底有多大？

洋老板恼火我们暂且不管，有些东西我们必须看一看——这些洋老板弄哪些东西到清朝来？这些卖到咱们清朝的东西，到底是能带给我们什么好处，还是有什么坏处？

有一样东西，我不说大家都知道，鸦片。这毒品，不，当时应该称它为商品，因为它在清朝已变成合法商品，在进口货物名单中，总是名列前茅。没办法，它数量总是最多，任何其他商品都撼动不了它。

一样新产品进入清朝，煤油，这是工业用名，民间大家都叫它洋油。在 19 世纪 60 年代时，只有极少量供应，外国侨民们使用，到 1878 年，美国煤油大量向清朝推销。1893 年前后，年输入量达到一亿七千万公升。从此，清朝进入洋油时代。

伴随着它而来的有更多洋玩意儿，洋漆、洋钉、洋火、洋布、洋袜、洋烛、洋电灯，这些洋货不胜枚举。

洋货来了，弄出的事也多起来。有洋铁、洋钉、洋针，清朝原来打铁的铁匠们就不得不回家休息。以前，农民们在地里种些油菜，打下菜籽，榨出来植物油多少能卖几个钱，那可是农民的重要经济作物，是种地人一笔非常重要的收入。现在，种出来菜籽榨出油无人问津，地里不能种油菜还能种什么能卖钱的经济作物呢？

光绪十三年（1887 年），湖广总督张之洞看到煤油引发的社会问题越来越严重，于是提出禁用煤油主张。张之洞在奏折里说，广东民间一向使用菜籽油，然而，自从火油盛行，菜籽油越来越滞销。用他的话说，这件事也不是小事，祸害越来越大，"种植少则害在农，榨制稀则害在工，贩卖稀则害在商。吾民生计所关，实应禁止（洋油）"。

或许禁用煤油的做法是错误的，或许更应该发展我们自己的煤油工业。但是从另一个方面说明，清朝民众的生计在洋货冲击之下，越来越成问题，而且是大问题。在张之洞看来，已经到了要采取国家行政手段来加以干预的地步。

不要你土地但要你饭碗

两次鸦片战争进行之时，清朝官员们有一个普遍一致的看法：老外们扛着枪、扛着炮不远万里漂洋过海到清朝来，不是要我们土地，不是要推翻我们清朝政权，只不过是要通商，享受国民待遇，做做生意，如此而已，这不是什么大不了的事。难道洋人们来做做生意，还能翻天不成？

现在，老外生意在清朝越来越上路子，生意越做越大，摊子越铺越开，洋人通商对清朝的危害这才一步步显现出来。

光绪四年（1878年），湖广道监察御史李璠上一道奏文，对洋人们来清朝通商之事，似乎看出端倪："始而滨海，继而腹地，既蚀人之资财，并据人之形胜。盘踞既久，遂为所欲为。古之侵人国也，必费财后而辟土；彼之侵人国也，既辟土而又生财。……此洋人通商弱人之实情也。"

他算是看出来，清朝民穷国弱的一个原因，就是老外到清朝来销售他们的机制工业品。他们的货品，把清朝原有产业，包括农业、手工业，冲击到死亡境地。

估计是皇帝自己也想不到，洋人做个生意也会玩死清朝，世间真是险恶。

▶▶ 军火大卖场 ◀◀

影子舰队

老外们做生意，岂止是民间小生意，一笔一笔的生意，都是大手笔。

军火贸易，这一项海关报告里通常不做记载。那可是军事机密，从另一个角度看，更是经济机密。

我们这里来说一个人，李泰国（英国人起的中国名字），他做军火生意。

李泰国是当时清朝总税务司司长，在同治元年（1862年），因为生病回国度病假。

他回英国度病假，这总税务司担子总得有人顶着啊，于是，英国人赫德就自告奋勇来暂时顶替他的职务。

赫德登台亮相，立即就为清朝军队建设大费脑筋。在他怂恿下，总理衙门决定委托李泰国在英国代为购买一支舰队。

下面就是走程序。赫德和李泰国开出价码是六十五万两白银。当然，这些银两本来就在他们俩手上，只要从他们收过来税款账户里转个户头而已。

根据计划这笔钱可以买到中号轮船四艘、小号轮船三艘，包括船上火炮在内。

不久，英国那边传来消息，说这个数目不够，必须再加十五万两白银。

OK，再转个户就是。

到同治二年（1863年），李泰国回到清朝来。他不但为清朝带来一支舰队，而且一并将军官、船员、战队全部配齐，一共是六百人，领头官员叫阿思本。不过，不好意思，这些购置费用还要追加二十七万两，一共是一百零七万两。而且，不好意思，以后还要供给船上这些兵每月十万两。

由六十五万两一变而为一百零七万两，差不多就是先前计划的两倍！以后每月还要……天啊，雇用那么多人，要那么多经费，这一下子把清朝官员们吓晕过去。

现在船也买了，人也来了，你要说不要，已经丢下去那一百万多两银子，那是一个子儿也收不回来。官员们想来想去，这个亏已经是吃定，那一百零七万两就认了，至于每个月十万两银子花销，实在是太多。于是双方展开一场讨价还价战，李泰国算是给清朝面子，双方最后议定每月7.5万两。这事终于算是定下来。

算是定并不等于最终确定。

就在讨价还价时，清朝官方提出，这支舰队由清朝派官员统领，阿思本任副职；外国船员任职年限以四年为期；清朝官兵到船上实习。

在英国时，李泰国已经同阿思本之间订立十三条合同。根据这个合同，这个舰队只能由阿思本统领，所有官兵都要由阿思本任用，他只接受经过李泰国传达的皇帝诏谕，而且李泰国认为行不通的诏谕，就不给传达……

这个合同显然十分荒谬，而且不合法。但是，船队已经到清朝，人家600人，万里迢迢漂洋过海，已经来到清朝，阿思本坚持必须按这个合同办。

在购买船舰这个大事上，曾国藩非常赞同，并且已经做好准备，包括登上这支舰队的官兵名单都已提前准备好。现在突然看到阿思本提出来这些个协议条款，曾国藩憋屈得满脸通红。

英国公使布鲁斯站出来为阿思本撑腰，美国公使蒲安臣从中说合。

对于清朝官方来说，这实在是个烫手山芋，自己花钱买来东西，却还要继续花钱供养，甚至连自己官兵上船学习都不可能。

清朝官方实在无法忍受。但是，你还得忍着点，不能得罪他们。这就像一把枪，要是你不会玩，枪口对着自己，如果玩走火，那吃不了兜着走的人，就是你自己。

清朝官方实在没法子，最后，只得采取断臂去疮法：这支舰队我也不要，你们开回你们英国好了。

舰队由阿思本带回英国。清朝政府除按规定每月支付 7.5 万两白银之外，还为遣送这些人和船回英国再付出 37.5 万两白银。

前后加在一起，这支影子舰队一共花去清朝一百七十万两白银。

担心得罪阿思本及其后台，清政府另外还送给阿思本一万两银子。

由于这件事，李泰国不再当清朝总税务司司长，总理衙门为感谢李泰国为清朝税务建设事业、国防建设事业做出贡献，决定赠送白银一万四千两。

清朝政府总算是花钱消灾，最后送走这个恶棍。

英国政府也做出嘉奖李泰国的决定，授予他三等男爵勋章。

德国运来"自由男"铜像

在太平天国运动期间，外国人就已经把枪支弹药、兵船卖给清朝政府，战争平息之后，军火买卖继续进行，而且越做越大。

购买外国军火的主要有两大买家，一是清朝中央政府，二是拥有军权税权的地方大员。官员们的目标是一石二鸟：增强自己军事实力，同时，赚来灰色收入。

19 世纪 80 年代，李鸿章成为外国军火商最大主顾。枪炮和小兵船购买那是经常、不间断的生意往来，就像我们平日上街买萝卜、白菜一样。从 1879 年（光绪五年）开始，李鸿章的军火生意做得更大，开始以大宗款项购买大型军舰。而在 1894 年中日甲午战争前，李鸿章依靠购买而拥有的舰队，已经不是那种20年前付钱仍然落空的阿思本舰队，此时他的舰队总吨位已达四万吨级。在当时来说，是一支真正具备作战实力的海上舰队。

德国克虏伯兵工厂，在全世界大名鼎鼎。为感谢李鸿章照顾它家生意，特别为李鸿章铸造了一座全身巨大铜像，由欧洲运到上海（比当时从欧洲运到美国东海岸"自由女神像"运程还要远），特意奉送给他，以表示对这个主顾的崇高敬意。

这座"自由男铜像"曾经长期矗立在上海徐家汇附近，受万民景仰。清朝人可能食不果腹，然而外国军火商大老板们却对清朝采购军火高官们大手笔的买卖感激不尽。

三、列强联合行动

太平军、捻军还有边疆地区少数民族叛军乱匪终于被彻底消灭，从皇帝到官员，总算是长长舒了一口气。

但是，当时清政府的日子仍然不是那么好过，因为在家门口，还有一伙人，他们中有些人已经坐在客厅。

我们这里正在说的，就是那些洋人，他们一天到晚在自己眼前，不停地绕来绕去，时时刻刻要做一件事——分权夺利。

家奴们终于暂时不造反了，但是，邻居要来分享自己的种种利权，该如何是好？

这是清廷眼下不得不面对的一道题。

态度180度大转弯

第一次鸦片战争后，清朝与英、法、美各国订立"和约"，但是，并不意味着这些列强之间就能和平相处。

这些和约，以条约文本形式，在形式上结束双方之间的战争状态与敌对关系，但是，显而易见，列强之间的关系还不和谐：你看不惯我，我更看不惯你。

在清朝人眼中，那些和约，就叫强扭的瓜不甜。

那些和约，虽然其间有个大大的"和"字，但是，在清朝人看来，完全是被迫。这样缔结和约，在清朝，有一个专有名字，叫"城下之盟"。

签订这样的盟约，对朝廷而言，是丢面子的事，而且很丢面子。

地方官员似乎个个都能体会朝廷的难处，在执行其中条款时，就能拖则拖，能推则推，能扛则扛。

面对洋人某一个具体要求，朝廷大员一定要思过来想过去。感觉自己面对一伙强盗邻居，又气又恨又恼，但就是打不过人家，又拿人家没办法。

在列强眼中，无论是清朝皇帝，还是朝廷官员，都是一样的货色，都是自己立足清朝的障碍物，唯有拿枪杆子才能搞定这个清朝。

这样的情形，在下面两件事情中，发生惊天大逆转。

● 在剿灭太平军、捻军的战斗过程中，感谢太平军、捻军友情提供机会，通过洋枪队这种方式，洋人第一次在清朝地面上与清朝准政府军事武装组织淮军、湘军（属地方团练性质）搞起合作运动。

在这一系列合作运动中，洋人们看出另一番意味：清朝朝廷需要他们支持。

● 在清朝最高层变动中，咸丰归天，慈禧谋划掌权、奕䜣谋划当政的关键时刻，这伙人表现出与列强精诚合作的态度，这让列强的心态发生了非常大的转变。

正是看到慈禧、奕䜣当局的精诚合作态势，洋人们不再把女皇帝、当权大臣奕䜣等人看成在清朝做大做强的拦路石。

变化进一步发展

第二次鸦片战争后，双方又一次签订一系列和约。

这一次签约，无论是清朝还是列强，跟以前完全不一样。

同样是签订城下之盟，或许由于不打不相识的缘故，签约过程演变成双方共识一步步达成的过程。

这一次，列强更清楚地看出来，清朝这个统治系统，不但不妨碍自己，还是蛮适合自己，蛮符合自己需要的。

这就行，这样感觉就爽很多。

想想看，如果没有清朝这一套系统设施，那他们的日子一定不会好到哪里去。

好处当然不只是这么一点点。列强提出自己的要求，让清政府官员在上面签字画押，这些要求就顺理成章地取得合法身份，获取合法地位，这对他们就便利极了。

老虎变老狼

1858 年，签订《天津条约》时，英、法、俄、美四大国，各打各的鼓，各唱各的调，没有"联合""协调行动"这样的字眼进入他们签约活动中来。

19 世纪 60 年代，在清朝问题上，四国的处理方式正剧烈改变。它们摒弃前嫌，开始"合作"。

它们以前是一只只老虎，都想抢占清朝这座高山。

一山容不得二虎，这就是当时各位虎先生的想法。

现在，在清朝这座高山上，大家发现，一个个都住到这座山头上来了。

既然清朝这座大山能够容下多只老虎，各位虎先生，该怎么办呢？

那就改变身份吧，把自己变成狼。

一旦身份改变，狼就变得"合群"。

在清朝，列强由霸山独虎变"合作群狼"的过程就这样完成。

在进攻目标面前，狼群发现，采取统一行动，联合作战，效率更高，结果更妙。

不得已而为之

如此巨大的变化，不是迅速就能完成的，有一个漫长而奇特的过程。

"合作政策"最早由英国和美国提倡，后来，俄国和法国也慢慢地鼓掌，表示支持。

当初，英国在提出这个政策时，是不得已而为之。

论在清朝的经济实力，英国最为强劲；论在清朝的政治地位，英国最为高傲。

没办法，英国在清朝有香港岛这样的基地，英国就睡在清朝大肚皮底下，就有能量保持自己长期的军事存在。

英国这种优越地位，使得它不愿意别的国家对清朝采取单边行动，特别是俄国、法国。

这些国家的单边行为，只会使得英国的优越地位受到损害。俄国在清朝东北弄到那么一大块蛋糕，实在有些威胁到英国的地位。

清朝这么大，英国又不是傻瓜，它看得非常清楚，如果完全排除其他国家，单独享用这块蛋糕，那也是不现实的。

当英国这只狼在草原上行走时，它实实在在看到一头老而且掉队的大水牛。现在，单凭它一只狼，显然奈何不了清政府这头大水牛，那怎么办呢？还不如喊来其他狼，大家一起分享。

出于这样一种考虑，为维护那些已经到手的利益，不让它们得而复失，同时，谋求在清朝的更多利益，在考量多个夜晚之后，英国终于提出自己的新主张——各国应该相互合作来维持清政府存在，使清朝保持独立统一的对外形象。

英国这一新外交政策提出来后，俄国与法国睬都不理睬。

凭什么要我们跟你们合作？看俄国在清朝东北搞武装游行，带来效果多么巨大，干得多漂亮。

凭什么要我们跟你们合作？看我们法国传教士，不但能在清朝赚到钱，还攻克清朝人心。

英国感到很不好意思，因为别人一眼就看出它的企图。但是，有一个国家，却叫着喊着来响应，这个国家是美国。

门户开放政策

美国的情形与俄国、法国有些不同。

19 世纪 60 年代初期，美国国内发生了战争，史称"南北战争"。这场战争结果是南部奴隶主失势，不能再通过蓄养奴隶的方式发财，北部各州资本家势力大大扩展，可以去美国南方找更多发财机会。

这场战争也使得美国在列强侵略清朝的行动中迟到。

不要急，清朝有句古话——后来者居上。

虽然打南北战争弄得来迟一步，但是，这位迟来的美国小弟，醉醺醺地向清朝皇帝说，一定要，坚持要，非得要享受清朝与其他国家签订条约时所给予的那些特权。一句话，必须享受与英、法、俄同样的"国民待遇"。

美国佬这会儿又没有带刀带枪，这些东西家里是有，但是，都在太平洋那一边。回家去拿来很不容易，而且家里一时也是穷，拿不出来几个钱。

这该怎么办？

美国佬想到了办法，虽然这办法有点老旧，但是管用。他们想到的办法叫"傍大款"。当然，这个大款就是英国。

在自身单独行动力量不足的情况之下，美国跟在英国屁股后面，用傍大款的方式，提出一个在清朝的新外交政策。

美国给它起了一个好听的名字，叫"门户开放"。

多么好听的一个名字，真是人见人爱。适合列强各国要求清朝"开放"心理需求，一定会得到大家拥护。这样一来，美国岂不达到掩人耳目之目的？

对当时还是一个小屁孩的美国来说，响应英国，高举要求清朝门户开放大旗，那是相当划得来。

当英国提出对清朝搞"合作政策"实行联合行动时，美国第一个站出来，大声地鼓掌，高调欢迎，而且用"门户开放"这样的言辞积极地表态。

法国"姑息疗法"出炉

俄国在清朝东北已经得到一百万平方千米大片领土，野心越撑越大。

现在英国主张对清朝"联合行动"，又有美国站出来支持，提出什么"门户开放"。

俄国本来打算对这两家做法置之不理。大家都是邻居，你搞你的，我搞我的，那多好。清朝东北差不多要被俄国整体吞下，还有清朝西北，俄国也正在想办法。

然而，现在看来，对这些邻居提出来的那套做法，一味地置之不理怕是不行。

俄国瞪着一双大眼睛，它认为，下面要做的工作，关键就是要看一看法国的主张。

法国有自己的方案。

法国早就对清朝内陆有梦想。它很早很早就梦想着开发清朝内陆地区。

法国手法与众不同。在法国高层看来，对清朝这样的大国，用不着西方轮船大炮，也用不着西方商品鸦片之类的玩法，它有一样东西，轻易就能达到搞定清朝的目标。

法国手法是他们手中有一样东西，名义上叫天主教会，实质上，还有另一套叫法，叫"精神鸦片"。

教会是法国人撒手锏。

法国人传教，就如清朝武术高人使刀，这套刀法，武术界称"杀人不见血之刀"。

从人脑部开口，从信仰上着笔，从精神层面上彩，对付深受儒教浸润的清朝人，那才稳、准、狠。

应该说，法国人这套做法抓住了清朝下层民众软肋。从个别人下手，容易得手，然后牵一挂十，杠上开花，迅速拓展影响力。

从清朝"洗钱"到给清朝人"洗脑"，这实在是一个毒辣无比超一流的招数，比九阴白骨爪还厉害，差不多相当于洪七公降龙十八掌，一般打狗棒法更是没得比。

相对于用枪杆子方法而言，教士们所做"思想工作"，表面上看来，速度较慢，但是，它毒性深，一旦发作，对于清朝子民来说，这种精神鸦片，那就绝不是一般的厉害。

但是，法国高层也看到清朝一个最现实的问题。

清朝就像一只已经上市的股票，它盘子太大，单单法国一家运作不了。

从另一个角度来说，它还没有办法来排除英国和美国出手购买这只庞大的股票。

这就像对待一个病人一样，医生没有采用刮骨疗毒手法，那就采取姑息疗法吧。

在英国提出合作政策、美国提出门户开放政策之后，法国只好采取与之相适应的做法。既不敢唱反调，也不想唱反调。

法国都跟风，俄国还能怎么样呢？

在一些具体行动中，俄国也就跟风。

现在，大家对付清朝政府，再也不是各搞一套，而是用统一步调采取行动。

列强之间，仍然矛盾重重

虽然是一群狼，大家同意以团队合作方法来猎杀这头年老体衰的大水牛，但是，在团队内部，还是存在着较大分歧。

在向水牛进攻时，谁都不愿意站在牛角的位置。显然，这是一个非常危险的方位，水牛要是突然发飙，那可怕尖利的牛角，就有可能触及自己的利益。

在分食成果时，谁都想要水牛大腿上那一块厚实肉。

争论来争论去，最后形成一个大体一致的意见：维持清政府统治。

具体来说，就是不把这头老水牛一步杀死，而是让它还活着，时不时地割下一块肉来吃。

大家都近乎一致地认为，这样的吃法，享用牛肉的日子更长久，成本更低，肉味更鲜美，也更实惠。

洋人们那点手腕，我们能看不出来吗？

清朝当权者不可能都是睡狮。

当权者很快就看出列强的那些歪点子。

同治六年（1867 年），李鸿章（当时任湖广总督）向顶头上司上一份奏文，在这份奏文中，他说出列强各国对清朝的做法：胁各官以制百姓，胁朝廷以制官民。

列强对清朝的做法，他创意性地提出一个很大胆的词："胁持"——既胁持中央朝廷，又胁持地方官府。

这些洋人，既不置我清朝朝廷于死地，也不置我地方官府于死地；然而，却个个手里拿着刀子，个个手里捧着饭碗，一个要喝我们血，另一个要吃我们肉。

李鸿章眼光锐利。

有着锐利眼光的人绝不只是李鸿章一位。

江西巡抚刘坤一，在一篇奏章里说，"洋人所看重，那是利；洋人所害怕，那是老百姓。"（言下之意，洋人独独不怕朝廷。）

他感叹说，洋人聪明啊！他们深深地知道，如果不依仗朝廷，那就无法制胜于清朝，也就无从图利于清朝。

这些话，说出"洋人利益—朝廷威望—百姓威胁"三者之间的利害关系。

洋人为什么既打压朝廷又依仗朝廷？洋人这些诡异的做法，原来都有着深刻的原因。

朝廷玩太极功

朝廷跟洋人交手，既有两次鸦片战争的痛苦教训，又有协同绞杀反政府军（太平军、捻军等）的美好体验。

在对外政策上，朝廷常常陷入两难的尴尬处境。

办理外交事务，一般来说，要么与列强决裂，要么迁就对方，很难找到一个两全其美的方案（时髦说法：双赢解决方案）。

两害相权取其轻。

为了不重蹈与对方决裂的危险，办事人常常宁愿迁就洋人。

在胁迫面前，清政府不得不迁就洋人，不至于直接吃洋人一个重巴掌。挨打的滋味，那的确是不好受。

现在，你可以用"软着陆"这样的词汇来表述清朝外交政策、方针。这样表述就体面得多。

"软着陆"邦交

有"软着陆"这根救命草，总理衙门总算完成一个大政治任务，终于解决了鸦片战争之后新出现的难题——如何与地球上其他国家建立邦交。

通过两次鸦片战争，东方清朝，在地球上名气越来越大（臭名昭著）。

瑞典、挪威、普鲁士、葡萄牙、荷兰、比利时、意大利、奥匈帝国，地球上这些邻居，一个接一个来清朝做客。大家来到这个遥远东方大国，当然不是万里迢迢来"朝服"（朝贡、宾服），更不是来旅游，而是来要点什么。

来的都是客。

总理衙门不想跟哪一国决裂，全都采取迁就做法。

与四大列强一样，这些说大不大、说小不小的国家，纷纷都享受到领事裁判权、片面最惠国待遇，有派遣外交官员驻京等特权。

当然，这些权力并不是来者就送。清朝大员没有那么大胆子，即使是豪礼大放送，也是走过一个胆战心惊的过程。

同治元年（1862年），由英国人介绍，比利时代表来到上海，向清朝官方提出订约要求。

在他提出来的条件里，有一条，比利时代表咬牙不放松，他坚持要到北京去。他并不是要到那里去旅游，去看看我泱泱大国古都宏伟壮观，或是去领略一下中华民族的骄傲，而是要去看看皇帝，跟皇帝面对面谈判。

这实在是一个两难命题，一个无法找到两全齐美答案的命题。

江苏巡抚薛焕接到上级命令，来到上海与这位难缠代表谈判。

薛焕隆重地提出自己的解决方案：我满足你差不多所有要求，只求你放我一条生路。具体来说，就是请你放弃北上想法。

薛焕在报告里说，这厮真不是个东西，要是在这一条上跟他决裂，那就局面难以收场。

他另一句话，没有在报告里说出来，但是，从他文章字里行间，人们已经读出来：要是迁就于他，让他跑到京城去跟皇帝聊天，那我自己就小命难保。

薛焕用官场手法——死缠活赖。这一手法，还真是奏效，总算是没有让这厮跑到京城里去。

比利时是西欧一个小国，在这个时期，工业迅速发展，大力对外扩张，谋求更大海外商品市场。到同治四年（1865 年），比利时使者就不找什么中介人，也不在上海、广州搞什么宣传活动，而是径直跑到北京，不经任何人介绍，带着他的国书，来到总理衙门。

这位使者开口就说，三年前在上海订那些个条款太简单，这次万里迢迢跑到清朝来，就是要把它弄复杂一些。也就是说，必须重议。

他说要重议，你还能说"不"吗？

那就重议好了。

重议结果，这个条约就弄得复杂。原来只有四项条款，议来议去，议出 47 项条款，再加上通商章程 9 款，跟两次鸦片战争期间那几个著名条约全部内容不相上下。

呵呵，人家四大国通过两次战争，也算是费九牛二虎之力才争得权力，你这么一个小屁孩一样的国家，略略地费一点唇舌功夫，就啥都得到了，这也太便宜那小子了吧。

荷兰也是北欧一个小国，从 17 世纪以来，一直非常积极地侵略印度尼西亚，吞并那里的领土，一直搞到印度尼西亚成为它的殖民地。

用我们大国人的眼光来看，那只不过是小国跟小国较量，就像一只北欧狗与亚洲狗为着一根肉骨头不停地撕咬一样，即使在我们这头东方睡狮眼中，那也实在是摆不上桌面的小事而已。

在同治二年（1863 年），荷兰派出使臣来到清朝，到处乱窜，最后窜到天津。

到天津之后，使臣找到当地政府官员，要求订立条约。

北洋通商大臣崇厚接到总理衙门指令，负责跟这位使臣谈判。

使臣提出，一定要依照英法各国条款，订立和约。"别的邻居享有的权利，作为邻居我，一样也不能少。"

崇厚向皇帝报告说："拒之太峻，则对方就会闹事；许之过轻，则对方就会意存奢望。"

一番讨价还价之后，差不多完全依照对方意愿，双方订立条约。

无论是大列强还是小列强，都把清朝当成大家共同享用的蛋糕。

清朝门户，在这一时期，在外国大联合与清朝"软着陆"外交政策之中，一步步打开。

四、我家邻居是强盗吗？

现在，清朝与各国之间签了条约，制定了游戏规则，邻里之间关系应该和谐吧？

照理讲，一切按条约行事，不就你好我好大家好嘛！

对于清朝最高统治者来说，有一点似乎可以百分之百放心：这些洋人，似乎不想仿照清朝历史上那些夷族（居住在边疆的少数民族），他们不会来弄"改朝换代"这样的事。

只要你不整天想着把我从龙庭上弄下来，其他什么，咱不都能好好说吗！

真能好好说吗？

列强势力就像细菌一样，一步步进入清政府的五脏六腑，使得清朝统治机构一步步丧失某些功能，再也不能照旧那样完整地行使自己的统治权力。

虽然你心脏保持跳动，你每天还能吃饭，但是，它正在一步步地让你昏迷，渐渐地把你变成植物人，那是不是叫你活着比死了还难受？

矛盾起始点

上自皇帝下到大臣，大家都以为，洋人讲信用，大家都看好洋人"拿钱就办事"的精神。

现在我方已对这些洋人做出让步，双方签订条约，那么，维持中外相安现状，应该不是什么难事吧，更不会是什么大事吧？

但是，随着时间推移，一个可怕的现象出现。

对这些铁板钉钉的条约，即使逐条逐句地兑现，也还是不能使洋人满意。

这到底是怎么回事呢？

同治六年（1867年），总理衙门大臣们有过这样一段描述，表述洋人们是多么难以"驯服"。

这段古汉语文字描述，我把它用今天的语言翻译过来。

某一件事，如果于洋人有益，老外一定死缠活赖全力相争，不载入条约不放手。

写进条约之后，字字改成铁案。现实与铁案之间，有那么一点点出入，老外一定要依持着条约，纠缠不休。

这段文字就这么简短，然而，内在含义却十分复杂。

用我们今天观点来理解，就能发现一个秘密，一个关乎中外之间矛盾起始点的秘密。

● 众所周知，我们中国人，当然包括清朝官员，在处理问题时，多是以定性方式做思考，下判断，下结论。

洋人们的思维方式，却不是这样。西方人习惯于用定量方式考虑问题。任何一项工作，洋人们一定要制定标准，用标准化方式进行管理与操作。

这样的管理手段、工作方法，旧时代清朝官员无法适从。

双方矛盾就是从这一条"沟"边开始（类似于"代沟"：上一代与下一代人之间，世界观差异）。

● 众所周知，清朝是一个人治的国度。

欧洲国家来那一群人，却习惯于法治世界、习惯于标准化作业。

正是基于以上两点差异，所以，从那些文字记述里，总是能看到下面的结论（总理衙门官员们极端痛苦地下结论）。这里，我同样用现代文翻译一段古汉语。

洋人实在是极其狡猾，办理事情偏执得不可理喻。即使在条约中一五一十说得清楚明白，他们也要用尽弯弯绕手段，绕出一个他们认为正确的解释出来。如果条约中隐约提到的东西，他们一定以此为依据，以极其坚韧的精神，步步紧逼，直到他们满意某种解决方案为止。这样就会将那些条约中已载明的条款大加更改，将没有载明的陆续增添。

洋人们用"标准化"思维方式，来演绎和约里的条文；用法治理念，来执行那些演绎出来的条款。

洋人们这样的做法，弄得清朝官员一头雾水，叫苦不迭。

洋人们这种习惯性的操作，给清朝引来一大堆麻烦。

洋人撒泼甚至发飙

洋人就像细菌一样，一旦条件成熟，就会突破这样或那样的限制，大肆地繁衍。

总理衙门官员们发现，这些洋人真不是东西，他们总是在不停地做一件事：根据他们自身需要，任意地解释条约里的规定。

有的洋人更过分，他们不断地提出超出条约规定的要求。如果不答应，他们还会轻松地拿出枪杆子来，摆给官员们看看。

天啊，谁是清朝这块土地的合法主人？那应该是我们清朝吧，我们才是主人啊！

是我们用枪杆子镇压那些起来造反的农民！

现在你们这些洋人拿着枪杆子闯进来。既然你答应我们，咱们一起镇压那些造反家伙；既然我们也答应你，让你们一起分享清朝的统治权，难道你们还要做我们清朝的"主人"不成？

面对洋人撒泼要赖发飙的架势，清朝"主人"头脑有些发"懵"。

一副豺狼本性

同治二年（1863 年），礼部左侍郎薛焕发现洋人要当主人的苗头，他在奏章中谈到自己的看法。（下一段为奏章的原文翻译）

现在，洋商分布在各个口岸，他们时不时还会跑到内地去旅行；天主教可以说是布满天下，而他们头儿就住在北京。唉，清朝的虚与实，他们那是看得一清二楚。开始不过是谈谈权力增减，近来又干预我国军事。接着，在人事任用、行政管理等方面，他们那是一只脚进来另一只脚跟着就进来。这些洋人就是一副豺狼本性。事情动不动就掣肘，稍微不如意，他们就会举着一颗子弹来。

在官员薛焕眼中，那些洋人就是一群狼。软的、硬的，他们都会朝着清朝官员硬生生地砸过来。在他们眼中，清朝到处都是利益。只要发现裂个口子，他们就一定拿着一根吸管，插进来吸食。

同治六年（1867 年），总理船政大臣沈葆桢对前景忧心如焚，他在奏章中写道，"即使那些洋人们遵照原定条约，一个字也不修改，只要几年时间，我国利权与事权，也要悉数落入他们手中，后果不堪设想。"

清朝四周被老外形成包抄态势

随着情势发展，清朝周边的形势又发生了新变化，这种变化实在是惨不忍睹。

鸦片战争以来，进入清朝的各个国家中，唯独俄国在北边与清朝边疆接壤，其余国家，比如说英国（指本土）、法国，那都离清朝远着呢。多远？那叫远隔重洋，说它有多远就有多远，隔印度洋，还隔地中海。

现在，这些远隔重洋的洋人牢牢地盘踞在清朝大地上，而且有久踞不去之势。

清朝东面、南面，那些边疆叫海疆。以前这海疆那是牢牢地锁着（锁国政策）。现在，这把锁已经不折不扣地打开，海疆已经完全敞开在洋人面前。沿海地方，只要是个像样的口岸，全部开放通商，外国船只，无论是兵船还是商船，都可以自由地出入。

清朝北面，沙皇俄国已经用强力方式霸占清朝东北部大片领土，而且，这头北极熊胃口那是一个大，正在用蚕食方式，围着清朝领土，一口一口地啃。眼下，它已经搞定中亚细亚几个国家和地区，紧紧地逼近清朝西北部新疆，导致新疆地区形势非常紧张。清朝北方，从东到西，有大片领土与沙俄接壤，绝不是小地方啊。

英国现在离我们还远吗？还是远隔重洋吗？

这个时候，它已经占领全部印度以至克什米尔，又使得缅甸成为它的殖民地，这样一来，在清朝西藏和云南，英国势力在五千千米边疆上与清朝接壤。

法国离我们还远吗？

这个时候，越南和老挝已成法国殖民地，也就是说，法国势力已经与清朝广西、云南连接。

光绪十八年（1892 年），出使英、法公使薛福成十分担忧地说，不只是俄国，现在英国、法国都成为紧靠清朝边疆的势力。清朝边境线上，三大强国已形成包抄态势。那些以前远在天边的强盗，现在已变成我们邻居，就在我们家门前后院开荒种地，这可不是闹着玩儿的事啊。他们要是闲下来，说不定哪一天就会跑到我们家里来玩躲猫猫游戏。想想看，北边有洋人看着，南边有洋人守着，西边有洋人，东边有洋人船只在那里游来游去，长江里他们也时不时进来逛逛，什么传教士、探险队、勘察队、游历家、商人，他们以想得出的各种身份、各种名义排着队往你家里闯，这还要人过日子吗？通商口岸那里老外有"租界"；不是通商口岸的地方呢，老外洋教堂建得比树梢上老鸦巢还要高，那也实在是太扎眼。

邻居是什么？答案：是强盗。

洋人势力如此这般地深入全国各地，一步一步地让清朝领导层认识到这是政治危机，而且是严重危机。自己手中的权力受到洋人限制，这已经是不争的事实。还有一个严重情况，一步一步推到领导层面前，想不睁眼看看都不行。

生活在清朝的普通居民，即使是最落后地区的居民，也看到朝廷在洋人面前十分软弱。不再是中国古代官员在平民百姓面前那副高傲神态。

在洋人面前，政府不能保护平民百姓利益，百姓该怎么办？生活在社会底层的平民百姓给出自己的答案，那就是自己动手，自我保护。叫花子门前都有三尺硬地，洋人离我家都有三万里地，他们还能跑到我家门口来撒泼，那我就叫他知道咱们硬地是什么。他们是有洋枪洋炮，我在这里世世代代居住，哪个没有从小一起长大五个或十个朋友，哪个没有亲戚九族，谁怕谁！

如此这般，在地方上，晚上放火烧教堂、夜里杀洋人的地下活动时不时发生。

一宗接一种宗案，全都送到官府的案头。官员们个个头痛。对这样的平民百姓，打也不是，不打也不是。这样的火焰，官府越是积极地扑灭，那火越是往自己身上烧，烧来烧去就烧到自己头上来。如果不扑灭，星星之火，可以燎原。

当官难，难当官。当官碰到这种事，就像老鼠进地笼，两头受气。

不是吗？就像一个大家庭，养一大帮家奴，隔壁还有一群邻居。这些个邻居德行不好，今天来你家玩玩，顺手牵只羊，明天顺手偷个鸡窝里刚下的蛋，时不时还要到你家卫生间里解个手，把你家当成公共厕所。

作为主人，你奈何不了这样的邻居。但是，你家家奴看不下去。

特别是当家奴亲手种的南瓜也被这样的邻居抱走时，当家奴在圈里养的猪也被这样的邻居牵走时，就会发生摩擦，甚至打架。

你这位做主人的该怎么办？是惩办、教育自己家奴还是跟邻居吵架？

清朝政府当时实行一个政策，叫"迁就"。

哎呀，邻居不就是偷个鸡蛋吗？拿去好啦。不就是想吃只鸭子吗？捉去好啦。

邻居总不会把我们扫地出门吧？那不就结了。

为避免自己的统治陷入无可挽救的危机，官员们在一忍再忍的情况之下，也给自己让步划出一个"度"。

毕竟是邻居，我忍辱负重是有限度的。

然而，这些邻居其实就是强盗啊。强盗哪有什么道德品质可言？

洋人的手段常常就是恐吓、讹诈，在这种情况之下，清朝官府不得不一再放宽政策。

唉，即使是对洋人半推半就，他们还是感到不满意。

家庭教师工作

清政府做得那么努力，那么辛苦，洋人却还是不满意。

无奈之下，洋人决定对清政府尽一些教导工作。

无规矩难以成方圆，洋人开始接受教训，给清政府这些办理洋务的官员定些规矩。

在执行政策时，列强一步步地认识到，清政府与各国之间老是磕磕碰碰，在于清政府没有学会遵守殖民地、半殖民地规矩，在于清政府大小官员没有认清资本支配全世界的新型国际关系。

列强之间形成这样一项共识，始于 19 世纪 60 年代英国首倡对华"合作政策"。

现在，各个国家都有自己的外交代表，大家都住在北京。自从来到京城，面对面地接触过几次之后，大家认识到，我们不能只当个代表，还要当好这个家的家教老师，当好清朝政府官员的教导员。

有一位来自美国的历史学者马士先生，高度赞扬代表们辛辛苦苦当家庭教师的崇高精神。

"代表们，你们真是太牛了，又当爹又当妈！你们没有忽视自己首要责任——要让清朝人学会约束自己从而适当地履行条约。你们高度地重视自己的责任——教导那些没有经验的中华帝国大臣们，在崭新国际关系中，如何去履行职责。正是你们，以'为清朝最大利益'为己任，做最辛苦的劝告工作！"

这位马士先生的话，说得有凭有据。这些凭据，最直接的有赫德《局外旁观者论》、英国公使参赞威妥玛《新议略论》。

哪些事情要早办呢？

当时，这位清朝总税务司司长英国人赫德写了一篇题目为《局外旁观者论》的文章。他在清朝创建了一套殖民地海关制度，在清朝一干就是几十年。他非常积极地、干劲冲天地干预清朝内政、外交。

这篇文章的中心议题就是要求清政府务必切实遵守条约，在对外事务中，一切照章程办理。如果清朝违背章程的话，依着万国公法，外国就可以向清朝用兵。如果战败，失败一方就得赔补对方兵费。

赫德在文章中劝告清政府，对外国人可能提出的要求，要及早办理。反正对方是要提，反正清朝迟早都是要办，那么，迟办不如早办。早办的话，那就让对方觉得，不是自己勉强着办，而是积极主动地办。

哪些事情要早办呢？赫德说，准许外国资本在清朝修铁路、办电报、开矿山、制轮船、搞发电等。这些事情，条约中没有约定，外国资本迟早要来办。

赫德说，如若照他说这一套行事，那么西方各国无不欣喜万分，则无时不合，无事不成。赫德说，这样一来，对于清朝政府，那实在是再有利不过的事。

大棒加胡萝卜

英国公使参赞威妥玛专门为清朝朝廷写《新议略论》说帖。由英国公使阿利国送交总理衙门。

这个说帖表明洋人伸出两只手，一只手叫干预，一只手叫劝告。或者说，洋人一只手拿大棒，一只手拿胡萝卜。

洋人拿着大棒说，如果清朝不顺从外国意志，就有可能引起外国干预。而外国干预总是引起别国连锁反应，这样一来，清朝就有可能分离为各个邦国，再也不能做到江山一统，再也不能自主。

洋人又极力地劝告清政府"借法自强"。

这实在是一个很中听的名词，说来说去，是洋人要劝告清政府主动地全面向外国势力开放。如何开放呢？说帖中提出一套方案。

具体来说，各省建铁路、设电报，开采五金矿、煤矿，水陆各军设馆操练，设立医院等，向世界各国融资（借贷）。

这些新经济领域、交通领域、军事领域向各国开放，这些新行业邀请外国人来投资，这些新玩法，会让世界各国欣悦，从此外国人到清朝往来通商、旅行居住就没有忧虑。

用小民吓老外

上面这两个文件，都在同治五年（1866年）由总理衙门送呈皇帝，然后又交到各省督抚手上进行讨论，但并没有结果。

对于清朝政府这样一个结果，老外并不奇怪，因为这秉承清朝政府一贯做法。

对于洋人根据条约提出来的要求，或者超出条约规定提出来的要求，清朝政府一概采取"死猪不怕开水烫"的做法——能回避就回避，能拒绝就拒绝。

这样回避或拒绝并不是一个主权国家面对另一个主权国家无理要求时，那样理直气壮驳斥，清朝采取的办法是搞一个"死狗游戏"：远看是条狗，近看它不走，你踢它一脚，它也不走，原来是条死狗。

清政府回避的手法常常是找来一个自认为很恰当的理由。就是央求洋人照顾自己，照顾到自己内部统治困难，从而央求洋人放弃这些要求。

最明显是同治六年（1867年），清朝中央政府指示地方各省总督，在与洋人讨论某个问题时，在拒绝洋人提出来新要求时，最好的托词是：政府如果接受这些要求，只会激起亿万民众反抗，结果会造成对外国人来说非常不利的国内形势。

引用大学士两江总督曾国藩的话说，就是"如果洋人今天要开矿明天要修路，类似要求争辩不休，尽可以告诉他们，即使上面勉强着答应他们，也会引得清朝亿万小民穷极思变，与彼为仇，那样的话，清朝官员就无力禁止"。

曾国藩这个做法，可以称之为"用小民吓老外"。

这个吓唬能起作用吗？

对于洋人来说，这中间也的确存在一个他们无法解决的矛盾。

一方面，要使这个邻居保持懦弱状态，我到你家里想拿什么就拿什么，你不会胆大到说个不字。另一方面，又要让这个邻居在他自己家家奴面前体现出主人风度，让他的家奴在他面前不造反，不说半个不字。这样的工作，我能做到吗？何况这个邻居家奴也实在是多，万万？何止万万，四个万万都不止吧。

下面各个章节中，我们会看到，清朝政府与外国侵略者之间就是在这样一种互相勾结又互相矛盾的痛苦状态中把清朝这个大铁球推着往山外滚。

第二章

在困难中前行

五、磕磕绊绊探路者

时代偶像变迁路线图

鸦片战争后，以西方国家为成功样板，来寻找清朝问题解决方案的知识分子少之又少，代表人物是林则徐、魏源。

这两个人是地主阶层知识分子。林则徐虽然积极地寻找，然而，政治上失势，已经把他推向深渊，他是再难爬起来的。

魏源的办法是著书立说，但是他的书销路不畅，投资人与经销商不但没有赚到钱，还血本无归。

还有一个人物是洪秀全，他也是知识分子（这个概念外延实在是大，读点书的人都能包括进来），积极地向西方寻找方略，并且将学到的那点知识与穷人命运结合起来。但是，这位知识分子太相信上帝，还没有学习到西方知识中的精华，就把找到的那一丁点东西拿到市场上去叫卖，虽然也吸引了一些热心买家，却在最后由于犯小知识分子错误（小富则安）招致失败。

在野史中广泛流传这样一个故事，说是太平军在攻打长沙时，左宗棠曾去拜见洪秀全，讨论攻守策略和建国方案。在讨论时，左宗棠劝洪秀全放弃拜上帝教，回到儒教上来。只要洪秀全这样做，他就愿意投奔太平军，并效力太平军。

洪秀全觉得左宗棠十分有才，谋略过人，但是一听到他这个观点，便很不高兴。左宗棠提出这个观点时，就在试探洪秀全的反应，看到洪秀全脸都变了颜色，深知情况不妙，慌忙连夜逃跑。

这段野史未必可信，但却说明一个问题，在学习西方时，到底学习什么？信仰西方上帝洋宗教能不能解决清朝大问题，还是清朝本土儒教能解决清朝现状？

在地主阶层知识分子中，左宗棠也是个怪人，他从来不轻易出口赞许别人，但是，正是他，却说"道光朝，讲经世之学者推默深（魏源）与定庵（龚自珍）"。他对林则徐评价极高，用他的话说，那是"所有天下士粗识道理者，类敬慕宫保（林则徐官衔）"。

他与曾国藩都是湘军中元老级人物，但是与曾国藩之间却有过节。曾国藩是穆彰阿得意门生，穆彰阿是林则徐的政敌，而左宗棠是林则徐粉丝。这样一来，曾国藩与左宗棠之间就存在着这样一个疙瘩，发展到最后，成为旷日持久"曾、左交恶"。由此可见，在地主阶级知识分子中，左宗棠是个不一般的人物。

道光时期，林则徐、龚自珍、魏源是知识分子中积极谋求开放的人，以讲求经世致用之学而著称，有别于当时的考据学派。

到咸丰时期，一方面欧风东渐，另一方面清朝开始变成欧洲列强的半殖民地，地主阶层中知识分子出现分化，而且这种分化现象一步步加剧，于是冯桂芬、容闳、王韬和郭嵩焘等人开始向西方国家寻求救国方案。

"软件"排异现象

当时清朝大资产者没有形成一个有政治权力要求的阶层（资产阶级）。这些寻求救国方案的知识分子，开始摸到来自西方的一种思潮：资本主义思潮。这摸索到的东西不是全部思潮，只不过是其中一些杂七杂八的信息。

即使弄到这么一点皮毛的人，在同治与光绪时期，也成为当时思想先驱——可以理解为他们给老旧电脑开始试着装上一些新软件。

这些软件存在缺陷，也就是说，装上这些软件之后，仍然存在着很大的系统漏洞。

有什么样的系统漏洞呢？

他们对其他先进软件存在排异性，不允许在清朝这个系统中装载诸如太平天国这样当时来说算是先进的子软件。具体来说，有下面这样一些事实。

郭嵩焘是曾国藩办团练的高级助手；冯桂芬在苏州办团练，后来逃亡上海，帮着策划将淮军运送上海和办理借洋兵助剿事务；王韬曾向曾国藩献策，并且化名黄畹向太平军施反间计。

这些都是他们剿杀太平天国这个大型相对先进应用软件的事实。

技术级改造动作就是这样给定下来

同治初年（1862 年），日本发生政治地震，倒幕运动把日本当权派幕府统治推进棺材里去，他们的口号"维新"迅速传到清朝。

倒幕行动与维新口号让清朝知识分子阶层立刻有了电击感觉，这个刺激够新鲜也够激烈。

感受这个刺激的，不只是清朝知识分子阶层，清朝统治阶层也立刻感觉到邻居家发出的信号给自己带来恐怖感受。谁说秀才造反三年不成啊，日本那些倒幕派不就是……？这个联想引起清朝领导层的恐慌实在不小，他们立即着手采取行动，一分钟也不迟疑：由领导层自己推行"新政"。

外因只不过是"新政"诱因，内因才是"维新"依据。

从内因角度来看，两次鸦片战争给清朝领导层打击已经够严重，太平天国、捻军等大大小小反政府的军事行动，对于清朝最高层来说，实在是一场又一场的巨大台风，差不多要将清朝这棵大树连根拔起。

如此隆隆雷声也惊不醒统治阶层的话，那清朝历史可能到这里就差不多要彻底歇菜了。

也正是在这样危急情况之下，总理衙门推开一点点门缝，开动学习西方的引擎。

不过，总理衙门提出学习西方技术来仿制洋船、洋枪、洋炮。

对一个旧社会改造，也像对一个人改造一样，有思想改造，比如进入大学里升造；有技术级改造，比如跟着一个汽车司机，学习开车技术。现在，总理衙门推行新政，就是对清朝实行技术级改造。

为什么只是技术级改造呢，而不是在更高级别上的升级呢？

这是一个当权者必须解决的理论问题。

作为当权者（改造运动推行者），有必要给自己低级别维新一个理由吗？

完全有这个必要。只有在这样的"指导思想"下，维新才不会偏离轨道，才会让下面的人知道清朝维新是做什么，如何做才是正确的，如何做会犯错误。

李鸿章给出的理由是"清朝文武制度，事事远出西人之上，独火器万不能及"。

李鸿章给出的理由非常明确，清朝目前这套系统，那是全世界最先进版本，用不着更新，更用不着重装系统，只是个别地方存在漏洞，需要打个补丁。这个漏洞，就是火器制造技术。

对于李鸿章的维新理由，历史学家们给出一个名词——"有限洋务论"。

"有限洋务论"追求很单纯，船坚炮利。止于此，而且仅止于此。

后人对"有限洋务论"评价也很单纯：舍本逐末，如此而已。后人这么评价理由有两点：

1．您这是在浮动沙丘上建楼阁，可能吗？

2．从事这些建造楼阁之人，是一群官僚（学家们叫他们洋务官僚）。而这些洋务官僚十分虚妄（除了摆摆官老爷大架子，对于船炮技术啥都不懂，还喜欢指手画脚），这类人最能草率行事（不做市场调研，不做技术研究准备，弄到资金就匆忙下手，然后粗制滥造，忽悠上级）。

说一样话，却不是一样动机

就在与太平军作殊死决战期间，曾国藩、李鸿章分别在上海、武汉、安庆、苏州这些城市里建成小型军工厂，招募人手生产前线急需的武器弹药。

总理衙门成立之后，奕䜣首先发话，在朝廷里大讲特讲，"清朝军器远不如外洋"，他认为这是清朝一大耻辱。

曾国藩立即响应，跟着发出倡议："师夷智以造船制炮"（学习洋人技术制造船炮）。

李鸿章跟风而动，表示要"取外人之长技，以成清朝之长技"。

这三个人在朝廷里一唱一和，表面上看上去是三个极度智慧的大脑，找到振兴清朝的金钥匙，实质上这些主张全部是从别人文章里拷贝而来的。

到底是如何拷贝呢？

左宗棠就比他们三位说得坦率得多。在重新刊印魏源《海国图志》时，左宗棠为重刊作序言，在这里，他首先强调自己洋务实践成就之后，接着就说，"此魏子之所谓师其长技以制之也"，他承认，他这套做法是从魏源那里学来的。

从身份上来说，这四个人身份都是洋务派头号人物，与魏源这样的爱国知识分子有着身份上的区别（魏源也是清朝官员），他们口号却是一样，这两者之间，动机还有什么不同吗？

区别在这里

正是因为洋务头头们使用爱国知识分子口号，而爱国知识分子中不少人，也都以他们为依附，跟在洋务领导那里工作，因而，在研究洋务得与失时，两者之间的差别，实在让人难以厘清。

在这里，我试着将这两者的区别理一理。

这些谈理论的文字较为枯燥，但是，对后面洋务运动的理解与剖析，实在太有必要。

可以说，林则徐、魏源思想的继承者，会对二人的思想进行继承和发展，都是朝向一个目标——进一步走向世界，进一步探索真理。

而洋务官僚的企图，用一词来表述十分贴切——一石二鸟。一石就是不断地扩展自己实力，二鸟：一方面在朝廷上通过洋务业绩将自己的势力做大做强；另一方面，私下大发洋务财，化公为私，发家致富，买田置地，让子孙过上超级富有的生活，甚至富可敌国，跟王侯生活不相上下。

三大派

洋务派需要政策支持，也就是在一些行业、领域有限地向洋人开放。

向洋人学习技术也好，向洋人购买机器设备也好，引进洋人做技术顾问也好，总之一句话，必须要对外开放。

用顽固派话来说，这些做法叫作崇洋媚外。顽固派高调的排外主张，在当时看上去很神圣。

这个时期，在这两派之外，还有第三派——爱国知识分子。真正意义上讲，这些人还没有形成一个派别。这批人倾心于西学，同时又随时警惕外寇入侵。

这些人潜伏在哪里呢？

在中上层官僚中有些人，他们中的大多数，是失意于仕途者。

真假乱象

对于洋务派来说，办理洋务是他们做强做大自己的工具，有时又能成为他们用作攘外的幌子。

洋务中各项活动，对于清朝僵化的经济发展模式、古老的经济体制，起到加速分解作用。对于清朝资产阶级与无产阶级的产生起到催生作用，让他们早日登上舞台。

对于这一点，完全超出慈禧想象力，也超出洋务官僚想象力。办理洋务的官僚们没有想到，他们这么努力地弄洋务，居然是在水下投一颗定时炸弹，最终要把清朝彻底葬送。

哥们，鸭梨大啊！

在洋务时期，洋务派要做成事，真难。

底层有大量思想保守的民众，他们的舆论力量不是闹着玩的；政府上层有保守势力形成的顽固派，这批人的力量也非同一般。

从上到下，从官员到百姓，从读书文人到种地粗人，人们对外国来的物品、观念，都持有极强的排斥心理。

千百年来，朝廷一直自诩为泱泱大国，崇洋或者说媚外，被儒教信徒大大地鄙视。

尤其让洋务派寸步维艰的是，朝廷高官在政治上分享着国家高层统治权，甚至把握着国家最高权位，一言九鼎，他们的身份是大学士，他们占据的位置是军机处，他们是高贵的旗人，他们中有人虽然是汉人，却是理学大师。

以汉人为主的湘军、淮军的头头脑脑，在政治发言权上，差不多都被顽固派踩在脚板底下。

洋务派天天看着顽固派在朝廷上、朝廷外飞扬跋扈还不能随意辩驳。

有几次，洋务派实在是忍无可忍，才冒险在剑拔弩张中搏击好几个回合，各有胜负。

顽固派找茬

洋务事业迅猛发展时期，史学家们称为"同光中兴"（同治、光绪）。

尽管洋务派向西洋各国学到手的是铁匠、木匠之类匠人活计，属于技术级别，然而，洋务派每一次采取新措施，总是要跟顽固派进行一场大争吵。

顽固派坐在国家高位之上，似乎他们的重要工作就是找茬。自己不动手也就罢了，还指着别人做的每一件事，猫不是狗不是。把别人的辛苦活计拿来上纲上线，然后大喷口水，说这不合规矩，那个不合清朝惯例。

每一场大争大吵、狂喷口水之后，搞得洋务派那些本来是兴致勃勃的活计常常无疾而终。正如一个不爱学习的孩子，天天在家里拆拆闹钟、手表，拆拆破旧电视机、收音机，而父母亲非常看不惯，看到他在拆东西就骂他，最后，这个本来可能还有点出息的孩子，就这样被父母骂得一无是处，对他的成长是很不利的。

骂洋务派骂得最厉害的要数内阁大学士、理学大师倭仁，他对洋务派的每一种做法，比挖他家祖坟还感到可怕。别人骂洋务官员，或许是为职场潜规则，打倒一个新起对手，保住自己职位，或是惯性思维推动他们看不惯洋务派弄那些洋人的活。而倭仁实在是怕洋务派怕到骨子里了，所以总是想方设法阻挠洋务派的活动。

六、外行忽悠外行

小庙军工厂

李鸿章淮军军部设在上海。这样做，有一个很特别的目的，可以与洋枪队、外国军人搅和在一起来攻打太平军。

在与英国军人搅和过程中，李鸿章发现，英军第九十九团有位马格里军医，是个人才。

不能不说，这个人也确实能捣鼓。仅仅凭借着一些书本知识（没有军工厂工作经验，更不是什么军工技师），找来几个清朝工匠和手艺人，他居然搞出一些火药和子弹。

在与太平军作战中，这些山寨版炸药居然起到非常重大的作用（应该说，医生了解医药知识，特别是化学知识，其中一些化学药剂就是制作炸药的重要原料）。

李鸿章很赏识这位洋人，特意将松江城外一座庙改成一个小军工厂，请马格里在这里做技术指导官。

马格里通过自己的人脉关系，找来几个英国炮手、外国工程师来这座小庙里帮忙。

这些人把那艘没有拍卖出去的"水上修理厂"机器拆下来，在庙里重新组装，一切布置好之后，请李鸿章来参观。

李鸿章从来没有看到过什么机器，他所看到过最复杂的机器，也就是乡下人脚蹬浇田用挂木龙骨（类似于链条传动）水车。

马格里当着李鸿章的面，发动这些机器，让它们轰隆隆地转动起来。

突然看到它们一个个自动地转动，李鸿章对于自办军工厂的疑虑立即全都消失。

这座小庙兵工厂当即得到李鸿章更多资金支持。

洋专家中也有水货

随着战争发展，战场向南京方向推进，小庙兵工厂迁到苏州，扩建成西洋炮局。

南京攻下来之后，西洋炮局又迁到南京雨花台，改名为金陵制造局。

在对捻军作战中，金陵制造局继续发挥重大作用。

这位军医出身的"兵工专家"一路走红，调到天津帮助建设海防，并且被派回欧洲采购军火和机械。

于是，马格里撞上了真正发大财的好机会。

然而，人也有倒运的时候（特别是他的专业功底不够扎实，随时都有可能露馅）。

马军医给大沽炮台装备了一批大炮，然而，其中很多成哑炮。

有一次，在炮弹试射时，一颗六十八磅重的家伙居然自行爆炸，当场炸死多名士兵。

听到消息，李鸿章着实吃惊，把马医生从金陵请到天津，叫他亲自试射。

他领导下的团队生产的炮弹没有几发试射成功。

马医生马脚暴露出来。

这位"专家"，被打回原形（军医就是军医，对于军工生产来说，军医不是炮火设计专家）。

想必李鸿章此时很郁闷。我花大价钱请来专家，我看好的人才，为何也是水货呢？

咱们比着来

李鸿章在上海、苏州设立制炮局的时候，曾国藩在安庆设立军械所。一师一徒之间，在军事工业制造上一唱一和。

同治四年（1865 年），李鸿章花下银子，在上海买下洋人的一个旧机器厂，立即改头换面，建设江南制造局。

看到自己学生在上海设立江南制造局，两江总督曾国藩招来丁日昌、容闳，制定出一份策划案，派容闳去美国采购新式机器。

有些事计划赶不上变化，就在策划案落实过程中，最高层一纸调令，曾国藩被调往北方对捻军作战，李鸿章接任两江总督。

机会来到，不用白不用，这位学生把老师辛苦打造的制造枪炮的那一摊子收了过来。

从这时开始，湘军与淮军矛盾由水下浮现到水面，从小打小闹争夺战功延伸到抢办军事工业。

湘系左宗棠出面，急起直追，重新制定了一个策划案。

清朝朝廷最高层看到，这两大外藩势力发展不对称。最高层认为，李鸿章控制下的江苏方面军事工业有可能一家独大，需要给他设立一个对手。朝廷考虑到曾国藩可以作为李鸿章对手，再加上曾国藩多次怂恿建立福州船政局，于是在很短时间内便批准这一策划案。

洋务事业就这样你看着我、我看着你办起来。大家谁都不是傻瓜，每一个人心中都明白，谁手上拥有军工生产实力，谁就是最后的赢家。

无论是湘系，还是淮系，大家又都明白，首先要做好最上层领导的工作，即使自己对这些前无古人的事业没有多少信心，也要让顶头上司对自己的能力充满信心，这样才能从慈禧那里要到政策，要到资金。

于是，这一师一徒之间，开始在太后那里不再闹对立，不再相互拆台，而是表演起双簧来。

这一位出面说，先把舶来品买过来，经过演习，然后仿造，只要找到能工巧匠，不到一两年时间，大型轮船就可以在南北洋到处航行。

那一位跟在后面讲，开始时我们不得不请外国技师工匠，过一阵子就可以全由自己制造。

这样一些相互鼓吹工作，老师高兴，学生高兴，更重要的是，让上头领导人听了更高兴。

从互吹到互贬

工程上马之后，江南局恬吉轮下水，曾国藩就吹嘘开，"我们造出来轮船，能与外国人造的相匹敌。我们自家造，跟从国外进口来，没有什么差异"。

福州局拼凑成几艘小船，左宗棠也自我夸耀，"其产品精良性能与西洋人制造的轮船一般无二"。

沈葆桢也很满意地说："我所经营船政局，通过学习西洋方法，现在能做到，'步亦能步，趋亦能趋'。"

但这样在主子面前相互吹捧的工作毕竟不能太久。时间一长，马脚就要露出来。

因管理体制腐败，管理官员无能，造出来的产品质量低劣。这种事逐渐一件件地浮出水面，舆论大哗。

湘系与淮系之间，双簧眼看演不下去了，就开始另一种手法——演对手戏。你骂我，我骂你，互相找对方不是，从而标榜自己。

李鸿章在一篇奏章里高调宣称自己"管辖下制造局造船最多，费用较为节省"。吹自己之后，没有忘记贬竞争对手一把，他说道，"福州船政局任用法国人日意格，天津局任用英国领事馆人密妥士，这种做法，将会让洋人们形成尾大不掉之势，而我的做法，远远胜过他们"。

李鸿章在对自己对手大加挞伐时，居然忘记他的江南制造局也是任用英国人马格里起家的。

洋务官员

就在李鸿章吹得最为得意时，大沽炮台试炮爆炸事件发生，金陵制造局被送到被告席上。

丢人，实在是太丢人。李鸿章立即停止自吹工作，红着脸请求皇上处分。

墙倒众人推，湘系方面领导早已准备好一大堆黑材料，趁着这大好时机，将这些黑材料迅速送到慈禧面前。

在这些对骂奏章中，有一人的奏报实在有必要拿出来晒一晒，因为别人指责或许有不实之处，而这份奏报的指责不仅真实，而且触及官僚企业要害之处。

这位奏报人叫朱彭寿，在奏报中，他说道：这一次派员考察江南制造局制造的产品，整件、零部件逐细考察，我们发现，次品很多。每年花去白银一百四十万两，而生产出来的产品，居然没有一件是合格产品，真是太可惜了。员工、管理人员冗滥，工作拖拉，生产出来的商品价格浮开，各厂用料虚报损耗。种种积弊，不一而足。

难道这种情况只发生在江南制造局吗？

皇帝的大臣们如果都是这样忽悠慈禧的银子，慈禧可就真要抱着头哭了。

其他制造局情况也实在好不到哪里去。

英国海军军官寿尔在参观福州船政局之后，作了如下记述：

"目前船政大臣是一位能干之人，但是他的前任似乎缺少科学知识。"这位领导曾参观教练舰扬武号。在这艘教练舰上，当教官把经纬仪指给他看时，并且告诉他，这种仪器不用福州当地时间，他脸上露出悲哀神色，满眼都是迷茫，接下来，教官任何解释都不能使他满意。他站在那里细细地琢磨这个仪器好长一阵子，看到其中机关，他更感到眩惑，认为教官们把他当作傻瓜忽悠。

这位领导还说，以前他看到轮船机关都有一个大轮子，而这个轮船上却没有，必定是哪儿有毛病。

而这位领导所指的那个大轮子是什么呢？在使用机械动力之前，大型木船上装上轮子，为的是鼓水前进，以提高速度。现在换成机械动力，那个大轮子，就被船体下面的推动轮代替，当然水面上就看不见。

可见当时只会八股文的洋务官员的科学知识缺乏到什么程度，这样的人当领导，还能指望他们能弄出什么高效率管理来。

七、慈禧权力平衡术

做个女人何其难？

在万恶的封建社会，女人家庭地位、社会地位实在是低，低到媳妇在公婆面前、女人在男人面前抬不起头来的可怕程度。

这么低的地位，发展到清朝时，女人在国家治理中，基本上是没有啥政治地位。在政治上，女官员既用不着说话，说出来话也没有人听，哪怕是提一点参考性意见都没人听。

在这种社会大环境、政治大背景下，慈禧太后要想在全清朝最有才能的男人群体面前坐稳妥，谈何容易？对于男人来说，打江山易，坐江山难，对于女人来说，坐江山更难，坐在全男子汉组结在一起的江山上，那更是难上加难。

慈禧是聪明人，对于这一点，她全看在眼里。

锁定目标

上台之前，慈禧招数很大一部分可以归结为在男人面前示弱，以弱女子、小女子那种特有魔力赢得大男人同情，具体地说，赢得咸丰好感。

现在，坐在高高的金銮殿，旁边儿子在玩耍，再也不能用先前那一套，慈禧选择新招术，民间叫法"狗咬狗"，学者说法"权力平衡"。

洋务派与顽固派，虽然他们身上没有刻画出这些标志性字眼来，但慈禧可是看得一清二楚，这是她治下的两大政治力量。

在这两派面前，她手握最高权力，每当她看着他们骂得不可开交时，她才开心。正是因为如此，她采取超然于两派之上的做法，时时根据自己需要，巧妙地操纵。对于慈禧来说，这些人也不过是小菜一碟，施些小计谋，略加运用，如此而已。

慈禧眼下要制服的，还谈不上这两大派，而是一个人，这个人比这两大派人加起来还难以搞定。这人名字大家都知道，议政王奕䜣是也。

培植对手的对立面

照理说，慈禧就是靠这个皇弟才有今天，而且，里里外外还要靠奕䜣张罗，为什么她屁股还没有坐热，就要急着向这位皇弟下手呢？

是不是这位皇弟欺负她们这对孤儿寡母？要夺取皇帝大位不成？

不能不说，这确实是她一块心病。她估摸到帘外最大敌手就是她这位皇弟，显然，能帮她挂起帘子之人，一定也有能力叫她撤掉帘子走人。

对这样最简单的道理都考虑不到，她就不叫慈禧。

如何对付他？直接找个借口把他撤掉，不就结了吗？

这可不是拔菜园里一棵葱那么简单。奕䜣已经长成高山上的一棵大树，要命的是，它已经长成山顶上成片的树林中最大的大树，根系深到大山半山腰。你要一个人扳倒它，那完全不可能，就是十个人一起用力也无济于事。要让这样一棵大树倒下，而且要做到神不知鬼不觉，慈禧想出的办法不是派人去挖那棵树，更不是晚上派人偷偷去锯那棵树，这样做实在是太危险。

她为这棵大树当起了辛勤园丁。不过，她做了一点手脚，在这棵大树旁边找到一棵小树，一棵很不起眼的小树苗，她同时为两棵树浇水施肥。而且，对这棵不起眼的小树，她浇水多一些，施肥也多一些。这是奕䜣没有发现，也没有考虑到的。

她这么做目的是什么？相信读者已经看出来，让他身边长出一棵跟他一样强劲的大树来，来跟它争夺阳光、水肥，旁边这棵树长大，就不愁你这棵树不倒。我们大家都明白这样一个道理，在大树底下，你是难以找到小树的，因为大树夺取它底下那些小树的阳光、水分、肥料。

为了对付奕䜣，慈禧偷偷地培养他的对立面。正是在这种情况下，顽固派交上好运。

让理学大师来修理你

慈禧手下，有两位偶像级人物，称他们俩为"理学大师"更合适，这两位名叫倭仁、李鸿藻。

今天我们很少人知道理学是什么，只知道到高中时分科，分为文科、理科。旧社会理学，是不是类似于今天我们的理科呢？

同样是讲理，二者却根本不搭。

前者是讲人类社会中人伦世故之理，后者是讲自然界中科学之理。

今天我们很多人知道儒学，知道那是孔子创立，后人发扬光大的。

儒学中，很大一部分也是讲礼，讲的是人类社会管理、发展终极模式，是人类社会特有之"礼"。用礼来打理社会秩序，人类社会就不会乱套，就不会乱来。如礼尚往来，就是懂礼之人会跟朋友、亲戚进行交往；遵从上下尊卑的社会秩序，就是礼节中的重要规定……

在那万恶旧社会，理学这一儒家庞大家族分支已经取得统领社会意识领域的高贵地位。

正是看到这一点，慈禧就打起朝廷里倭仁、李鸿藻的主意。

这两个人成天讲的都是老祖宗孔子、程颐、朱熹那一套东西，慈禧心中清楚，或许那些过时的东西对清朝社会没有多大作用，但是，这些理论正好是奕䜣的克星。这就够了。

慈禧发现这一点，高兴得夜不能寐，立即着手提拔倭仁和李鸿藻，让他们一位成为内阁大学士，另一位担当领班军机大臣。

不仅如此，她还让这两个人来做一件更为重要的事——在弘德殿当小皇帝的老师。

别小看这家庭老师，那要看教的人是谁，现在这两位教的人是小皇帝。别人想着办法跟小皇帝接触，建立感情，而这两个人隔三岔五就给小皇帝上课，陪小皇帝读书。

奕䜣只能是看在眼里，急在心里。将来天下就是小皇帝的，那么，这小皇帝会听谁的，这不就一清二楚，学生对老师，那不都是言听计从么？

军机处是清朝独有的最高国家决策机构，级别比六部还要高，相当于战争时期最高统帅部。在清朝，最重要的国家大事决定权，就在军机处。领班军机大臣，虽然不带"王"字，也差不多相当于大半个王。

这两个人手中权力加起来，差不多可以跟议政王有一拼。

慈禧这么给奕䜣旁边的树大浇水、猛施肥时，奕䜣还被蒙在鼓里，认为慈禧重用的那两个只会吹牛侃大山讲礼制之人，实在不咋的。

显然自己在政变中立下功劳，那也实在是太大。在他眼中，两宫太后是什么，只不过是两位女流之辈，头发长见识短，再怎么玩手脚，也搞不到哪里去，这里里外外还不全靠自己张罗？

对于两位太后，他有自己的看法。

在奕䜣看来，这正宫东太后，那实在是位高权重，得罪不得。毕竟，人家是正宫，想当初，那就是皇上皇后。而这西宫太后，只不过是个宫女升上来的，没有什么后台背景，只不过她运气好，生一个皇帝。那皇帝现在还小，以后的事情，一切还难说啊。

奕䜣也为自己留了一手。这小皇帝一个人读书实在是太寂寞，跟两宫太后商议一番之后，他就把自己儿子送到皇帝培训班，名义为伴读。

奕䜣心想，把我儿子跟你儿子弄成同班同学，将来天下，那就不是我儿子跟你儿子分享吗？这跟今天我跟你们俩分享有什么不同？

奕䜣心中清楚，这西宫太后诡计多，当初就是她妹子跟自己联络搞定八大臣。对付这个女人，除让自己儿子跟她儿子搞同学关系外，奕䜣还想到一手。

在西宫太后旁边，不还坐着个东宫太后吗，虽然这人好说话，但是，用她一用，不也是个角色吗？她还是正宫太后呢，利用她一把，把她变成西宫太后的威慑力量，有何不可呢？

虽然东宫太后不说话，平时像个菩萨一样坐在帘子背后，但有句话"老虎不发威，当我是病猫吗？"关键时候，让"病猫"发威，这应该是不错的一招。

对于自己瞧不上眼又不好得罪的女人，奕䜣的做法就是公事公办。对于她，他不会像对正宫太后那样曲意奉承。

奕䜣老爸是谁，当年就是皇帝呀。这位皇二代，从懂事那一天起，学会的第一件事，就是瞧不起下人，或者出身低下的女人。

要让他来好好地服侍这么一位他打心眼里瞧不上眼的女人，他做不到。在奕䜣观念里，皇帝他妈又能怎么样，下人出身就是下人，不是贵族出身，他就是看不上眼。这就是贵族的骄傲，天生来的，底层出身的人，一辈子学都学不会。

在奕䜣眼里，如果没有他忙前忙后，慈禧还能靠她儿子坐在那个座位上么？扶得起你，当然，也废得起你。

西宫太后出难题

试探一个人，并不是要他办一件容易办的事，而是要给他派上一件难办的事，非常难办的事。当然，给出这样的事，要找个好由头，否则，对方容易看出你的不良用心来。

慈禧很快就选定一件事。

这件事，看上去可办可不办。可办，那就是说，有办的理由，而且理由大似天；可不办，那也有不办的理由，理由不会比天小多少。

这样的事就能试出奕䜣是不是在狗眼瞧人低，是不是听她的话。

这件事是：重新修建圆明园。

圆明园，也就是皇家这座园子，说不修，放在那里，也是无所谓的事，反正皇家的园子多着呢。说要修，那就是大事，想想看，一般人家园子，要是给仇人毁砸，作为报仇雪恨标志性工程，那还不立即修复起来？否则，也太没有面子。何况这是皇家园林，那面子不比天都要大吗？

慈禧心中还清楚，这园子要修起来，那是一个难。不是没有人手，清朝有的是能工巧匠；不是没有树木，清朝山上到处长着参天大树。

但是，无论是人手还是树木，都要一样东西，那就是银子。

现在清朝最缺的就是这玩意。

买军舰要银子，买大炮要银子，总之，只要是买，哪一样不要银子？清朝的银子，就在那里摆着，就那么点税收。你奕訢不是天天吵着要银子买船买舰吗？那好，我现在就叫你用银子去修园子，看你到底如何去做。

而且，我还偏偏就要用这件棘手事跟你较劲。

慈禧给出的是一道两难命题。她心中清楚，国库空虚。奕訢要是答应重修，那钱从哪里来？他要是不答应修，那矛盾就上升。一句话，就用这件说大不大说小不小的事，把他拿捏得死死的。

第一波较量

一听到修园子这事，奕訢摆出公事公办的架势。他也不说应该花点银子修个园子让太后享受享受，而是以国家财力不足，一口回绝。"单单搞海军建设方面，银子缺口就非常大，还能大兴土木？"

在太后眼中，奕訢的原形就显现了出来。"真不是个东西，就那么不把我当人，连句好听话也舍不得多讲一句。"

政变之前，她与皇弟之间从来就没有私人关系。奕訢是皇帝的弟弟，慈禧在深宫中做宫娥也好，当嫔妃也好，反正两人之间根本就不搭界。虽然是因为政变，两人之间迅速建立关系，发展到相互利用，和好相处，这样的关系，到目前也就一两年时间，不能算长久，但是，不管如何，慈禧现在是皇帝的母亲，奕訢多少也应该尊重她一些才是。

慈禧太后已经提拔一批人，但是，目前来说奕訢这棵大树还很强劲，她还缺乏力量扳倒他，但是找个办法来杀一杀他的威风，这一点她完全有把握。

互有胜负

听政第四年，慈禧培植的势力已经从后院走出来，走进朝廷大臣之中。通过四年来辛苦栽培，在大臣中她终于有差不多可以抗衡皇弟的人缘。做完一番人手布置之后，时机成熟，慈禧决定对奕䜣发起突然袭击。

先利用身边最小官——日讲起居注官蔡寿祺发难，弹劾奕䜣贪污。

其实，到他这个地位，搞点小贪污也不算什么，国家都差不多是他的，只要不是太过分地弄钱，上头睁一只眼闭一只眼也就过去了。现在慈禧是设局，那就要他好看。

这个贪污伏笔打下来之后，有一天，慈禧就借着这事来找奕䜣茬子，在朝堂上，当着众多大臣面，厉声地就这事当面责备他。

这一天，奕䜣没有就这事当着大臣面进行自我批评，而是与她顶撞起来。

如果只是顶撞一下，问题也应该不是很大，道个歉不就结了。或许是由于一激动，他头就有些不由自主地抬起来。不但头昂起来，而且后面的话，听起来就不对味。

"奴才自知无才，所以请两宫太后垂帘听政。太后既知奴才庸驽，还请赐恩撤去各差。"

要是两个杠上也就杠上，他大概还想来个杠上开花。

没有你地球就不转不是？你这么狠，还要以罢工相威胁，欺负我娘家没人不是？那我就让你知道，没有你地球也会照常转下去。

她沉下脸来，只高声说两个字，就完全够："失礼"。

这"失礼"两个字，不是指他说话，而是指他那个抬起头的动作。虽然皇上的女人，任何人都不能抬起头来看，看就不是错误，而是犯法罪行。皇帝的女人，哪怕是死去皇帝的女人，皇弟也不能看，能随便看的，只有皇上与太监。

随着"失礼"之声，紧接着就听到叱令侍卫"纠仪"命令声。

根据宫廷规矩，失礼引起纠仪，那就是要上纲上线，就不是你说结就能结得了的。

两宫太后立即召集大学士、吏部尚书等人面谕，而且亲笔书写一份诏旨（注意亲笔两个字，这事越搞越严重），诏旨上用词，那也是句句把他往监狱里送：妄自尊大，目无君上，暗使离间。这几个词，再加上贪污之类老账一起算，就算奕䜣脊梁骨再硬，也很难扛得住。

处分很快就下来，奕䜣再也用不着到军机处去上班，而且，革去一切职务。也就是说，奕䜣除了还是个皇室成员，保留贵族身份外，其他跟一般平民也就差不多。

谁也想不到，顷刻之间，奕䜣的前途就没了。这场变故实在来得太快，太出乎意料。

每一个人都在惊呼，这女人实在是太毒辣，太阴险，下手也太狠。但是，没有一个人敢这么讲出来。突然来了重大变故，引得满朝议论纷纷。昨天还是我们最高领导，今天咋就失业？为着这事，偷偷欢喜的也有，不以为然的也有，但是大家的表现，又是另一回事。

包括五皇弟惇亲王奕誴在内，许多大臣个个表现得大义凛然，一个个都要求复奕䜣职。大家似乎都不怕太后怪罪下来，似乎都在排着队往刑场上走的样子。

这事就这样纠缠在那里不得消停，十天来双方一直处于胶着状态。直到有一天慈禧听到一种意见，说是奕䜣与外国使官私人关系较好，万一外国人出来讲话，那就会打不到狐狸还惹上一身臊。到时候，如果依外国人劝告，那奕䜣今后就会依持着外洋势力，更加骄横；如果不依那洋人劝告，就有可能引起外国人扛起枪找上门来。

其他劝告在慈禧眼里都等于零，对横在路上的这个绊脚石，她要挪开一点，别人也拿她没办法，唯独这个劝告，她不得不暗中思忖。是啊，这多少是有些道理。

不得已情形之下，慈禧做出一副宽恕模样，让奕䜣仍回到总理衙门上班，至于议政王这个头衔，作为惩处，这次从他身上硬生生扒下来，不再属于这位六皇弟。这次要给这位皇弟一个教训，让他深深地长着记性，记得在这个朝堂之上，谁说话算数。

这一场风波，奕䜣那是碰了一个大包，他这棵树虽然长得还算根深蒂固，但是毕竟胳膊扭不过大腿。

慈禧敲山震虎功

内廷的这场风波将外藩们吓得不轻。

坐镇两江总督的曾国藩在日记里悄悄写道：读到三月八日恭亲王

被革职谕旨，心都寒半截子，整日里忧心忡忡。

恭亲王那是何等功劳，那是把脑袋拎在裤腰带上才给她夺来皇帝大位。只不过在修个园子那件说大不大说小不小的事件上，只不过在申辩之时，抬头看她那么一眼，那些王位爵位说没就没，这女人莫不是翻脸比翻书还快。古话说，女人心，海底针，没个准。

曾国藩心里想着，眼里看到一个事，这两宫皇后性情无常，一会是风，过了一会就是雨。在这样的朝廷里做事，一句话一个动作假若没有顺到上面脾气，那样一来，官每做大一分，离皇帝每走近一分，危险岂不就多一分吗？伴君如伴虎啊！

作为洋务派领头羊之一，曾国藩对自己的每一个洋务动作变得越来越审慎。

曾国藩想来想去，想到一件大事上。功大无边的恭亲王，一时之间，居然落得这样一个下场，印证一句话——功高震主。那么自己拥有军队，拥有剿灭太平军、捻军那样的军功，而且手上还有几个省的军政大权，海洋上还有着自己正在进一步扩展的力量，这样扩张下去，说不定哪一天，自己就是恭亲王第二。

此时李鸿章正在前线与捻军作战，听到这个消息，立即写信给老师曾国藩，"发生在恭亲王身上这件事，可以说是转瞬之间引来一场海啸，突然得让人都反应不过来。"李鸿章心中默默认为，这样的朝廷，实在是言语之间就可能丢脑袋的地方，远比战场上更凶险。

李鸿章有一个感觉，恭亲王与太后交恶，这事恐怕还不会这么快就能过去，更大的"高层地震"可能还在后面。

这两个人虽然在千里之外，的确感受到这场政治地震带来的威力。

冷板凳悄无声息地来了

表面上，风波暂时平息，实际上，这场最高层的政治角逐才刚刚开始。

这次变故，奕訢栽下的这个跟头着实不轻，这顿大教训也让他深深地长了记性。革去议政王，这让他在朝廷大臣们面前丢脸也丢到家。平时，大臣们对他，那是"唯马首是瞻"，现在，这个马首金罩被去掉了，大家还听他的吗？

在两宫太后面前，奕訢现在做法跟以前大不相同。以前，他在朝廷虽然没有达到前朝鳌拜那种嚣张跋扈的程度，但也是说一不二的人物，说出去话，落地有声，甚至砸得地面都在发颤。现在，他决心把这些"棱角"都收藏起来，就像蛇蜕皮一样，让自己变，变得圆滑起来，变得小心谨慎起来，除重修圆明园那件事不轻易附从外，大都唯唯诺诺。一句话，你慈禧不就是要抓我把柄吗？我啥事都不留下把柄，都摸得滚光溜圆，看你还能把我怎么样。

慈禧的心思可大不相同。现在，议政王头衔是去掉了，但是，那只是名义上去掉，这位皇弟根子还深着呢，潜在势力还不小，足以构成威胁。打蛇打在七寸上，但是不能打一下七寸就完事，一旦它恢复过来，掉头就要咬人，而且比先前咬人劲头还要厉害。

在用人做事上，慈禧也改变自己的做法，不再考虑某个人的能力，而是要看一看这个人是否跟奕訢走得近。如果是跟奕訢走得近的人，哪怕此人再有能耐，也不能任用。

"我也不打你，我也不骂你。是你的人，咱就不用，把你孤立起来，让你的势力形成一个汪洋大海中的孤岛，看你还能跑到哪里去？"就像夫妻之间打架，男方用冷战方式对待自己妻子一样，我也不跟你吵，不跟你闹，你有能耐是吧，那好，把你晾在一边，看你还能怎么样？

慈禧就这样把奕訢晾着，工资照发，班也要照上，就是不给他事做，让他天天坐冷板凳，让他看着别人忙得不亦乐乎却不给他插手机会，让他这个高管看着干瞪眼、干着急。

事总得要人去做，慈禧充分发挥七皇弟（她妹夫）奕譞的能力，让他的人马在这个时候冲锋陷阵，发挥作用。

同治七年（1868年），两宫发出一个上谕，在其中，提到倭仁与奕訢，说他们俩是责任最重大臣，这让奕訢感觉非常爽，但是，仔细一看，奕訢立即再也爽不起来，原来，那提名先后跟历来做法完全不同。以前，在上谕中，同时提到他们俩时，奕訢总是排在前面，而这一次，奕訢名字排在倭仁后面。

这样的排名，在朝廷给奕訢太大难堪，在慈禧这样巧用心机的安排下，奕䜣的政治行情被迫大大下降。

慈禧安排清流派出世

一天，慈禧心想，用倭仁压制奕䜣，内廷这档子事务算是搞得有些名目，然而，还有那几位手握重兵的外藩——曾国藩、李鸿章、左宗棠，这一干人马，可不好办。

慈禧盘算来，盘算去，始终找不到解决方案。

对这些外藩，慈禧心中给予他们七分信任。对他们倚重的程度甚至超过一般王公大臣。现在的问题是，这班人马，在洋务关系上，那是跟奕䜣深深地联结着，这就是问题。

对于洋务那一摊子事，慈禧从心里没什么反感，学点洋人的做法，也没有什么不好，自己不也是多学些文字，多学点安徽地方小戏，才得到皇帝恩宠吗？普天之下，多学外人东西，一定不是坏事。但是，这些学习的事，是由奕䜣来主持的，这就可能要坏事。

这该怎么办？

直接剥夺他们这几个人权力，交到自己更信任人手上？

不但事实上不可行，而且弄不好要捅马蜂窝。历朝历代皇帝对外藩手中的军权，都不会轻易动。明朝第三代皇帝朱允炆不就是因为削藩，引来自己叔叔朱棣吗，最后连自己江山也给弄丢了，小命都保不住。这样的故事，慈禧看到过不少。

用软办法削藩，历史上也有人成功过。宋朝开国皇帝邀请大将们一同喝酒，在酒宴上，于酒酣耳热之中，将那些用作运兵权印符——虎符——从大将们腰间一一摘下来，拿到自己手上，转手交给文官们去打理。这样做，在慈禧看来，同样是行不通的，毕竟，自己不会喝酒，更不会掀开帘子，邀请外藩大将们一同来喝酒。

来硬的不行，来软的也不行，该如何削减奕䜣在外藩中的势力？或者说，如何削减外藩势力？

当慈禧脑袋差不多要想痛时，终于想到一个办法——运用内庭里对付奕䜣一样的办法来对付外藩。不用直接剥夺外藩手中兵权、地方行政权，而是扶持他们的反对派。

在朝廷内外，要找到他们的反对派，这不是难事，现成的反对派就在那里——顽固派那几个人，一直在那里嚷嚷，倭仁、李鸿藻等人哪一天不是在那里跟洋务派唱对台戏，只是，慈禧觉得，这几个人嚷嚷声音还不够响亮，也就是说，这几个人的势力还不足以对抗那几个外藩力量，那么，该如何下手呢？

要平衡权力，也就是在秤的秤盘这一边添加筹码。

同末光初，在慈禧操纵下，一个新派别，"清流派"应运而生。

八、风流倜傥之清流派

清高心理加仇富心理

军机处李鸿藻，虽然高居领班地位，普天之下，皇帝第一他第二，但是，面对自己那些潜在竞争对手，一直找不到什么好路径，难以实施有力度的打击。这会儿突然发觉一件事，慈禧居然要对办理洋务那一班人马有些炮轰苗头，一个美好感觉，从脚板底下升上来，"哈哈，这是上天赐给我机会啊。"

李鸿藻着手行动起来，第一步，在满朝官员里铺开自己的场子，广结外援，寻找、蓄养一批"嘴巴打手"，壮大自己声威。

他这里铺子开张，朝廷里捧场者可不是少数。要知道，他是做过多任学政考官，那些到他这里拜过码头的门生故旧可不在少数，有的已经是御史、翰林级别。

他这一嗓子，喊过来的人，都是朝廷里平常有头有脸的人物。

集结嘴巴杀手，笼络应试高手、骂人奇才，工作完成，接着李鸿藻着手做第二项工作：怂恿他们向洋务派开炮。

在朝廷里，这些应试奇才平常个个自视甚高，非常自负，老子考试天下数一、数二，普天之下啥我其谁？

从考试成才角度来说，的确是这样。他们这些人，能够留在京城，搞到留京名额，那都是文章写得有一把刷子；骂人骂得滴水不漏，有根有据；"杀人"那就是不见刀子只见血的功力。

这些人，本身在考试成功举人堆里就属于凤毛麟角，从骨子里就瞧不起像李鸿章这些考试不咋的之辈；而偏偏所有弄洋务的人，又差不多都是考试不咋的之流（这些弄洋务的外藩差不多都是靠当年打太平军、打捻军这些军事项目起家，少有考试成才）。

然而，这群弄洋务者，虽然考试考不过他们，打仗却是全国一流，正是他们亲手剿灭太平军、捻军；他们这群人不但打仗打得很成功，办企业还赚大钱，在社会上混手段不见得在京官之下，甚至在一些京官之上。一个个都是家大业大，富得流油，有些人的富有程度，都是京官们不能想象的（他们家土地，不是几百亩，而是上万亩）。

对这样的成功人士，那批考试成功者，除又妒又忌又恨，心里成天还能想什么呢？

清流派横空出世

平时，这伙人就喜欢硬着脖子向皇帝直言，这会儿听大头领说，要挑洋务官员的刺，那实在是拿手好戏，于是一个个张开嘴巴就上门。

对于洋务派官员稍微有点名堂的举动，他们大胆发言，矛头直指总理衙门，用他们的话说，洋务官员个个都是"托攘夷美名，图不次峻擢"。

要对付这一大帮子朝廷高官，可不像对付两个太后，以奕䜣为领头的洋务派压力顿时就大起来。

收获最大的算李鸿藻。随着对洋务派炮击声一阵阵响起，他的名誉、声望在朝廷中如日中天，谁也不敢招惹他。要知道，他手下这帮子人，都是当代名人、当朝名士，一个个差不多都可以称得上国嘴，可以说没有这些人不敢说的事。

随着洋务运动的深入，那些针对洋务派的台谏、词垣、弹章，一批接一批被清流派炮制出来。皇帝那里的奏章，几天下来，有时堆得像个小山头。大家很是为自己的成绩感到骄傲自豪，他们给自己起了个富有诗意的雅号——清流派（可以粗糙地理解为一身正气，两袖清风，会写文章，专业骂人的人）。

骂阵中团队作战新套路

清流派，不是坐在河边讨论清水漫流之事，做出几件像模像样的大事，比如每一次外交屈辱事件，他们这些人就把腰杆子挺得直直的，站出来开骂。这些人中，虽然骂人目的各不同，其中也有个别人，确实出于爱国真诚。大多数人开骂，那是托台谏美名，找到晋升阶梯。

大家都看清，清流活动提线人隐藏在帘子里面。下边人骂得对路，那帘子后边的人就有奖励。真是机会就在那里等啊，这就要看各位大神的骂功了。

如何才能骂得对路呢？渐渐地，李鸿藻琢磨出一套切实可行的办法。

每次入朝觐见两宫太后，回答太后的问题时，如果发现自己没有对上路子（太后语气、神色、动作不在调子上），李鸿藻连忙跪在地上叩头，然后跟着就说："容臣细思"。

之后，他并不当场思考这个被自己发现即将出错的问题，而是把这个问题带回家，做课后研究工作。

当然，这项研究工作用不着他亲自来大费脑细胞，他召集那些名士们进入家中，秘密商讨（注意，跟太后谈到的问题，那都是高度机密，千万不能泄露出去，不能搞得满城皆知。要是泄密，轻则挨板子，重则砍头），策划出一整套方案。

尔后，太后那里的奏章，有的探水，有的开骂，有的跟着上去踩上一脚，有的高举大旗。这一帮子人，妙就妙在摸准行情后，把言事功劳分配给大家，不搞一人独享。

李鸿藻利用这一套团队作战法，率领清流派人士，对着洋务派呐喊冲锋，声势浩大，喊杀喊打的声音，呼彻云霄。

这一情景让慈禧格外兴奋，而这些名士们更是乐此不疲，纷纷卷起袖子上阵。

看着朝廷里摆下战阵，阵阵叫骂声，声声入耳。做事不露声色的慈禧，简直有些控制不住自己，有时禁不住兴奋得喜形于色。

现在，她不但放任"清流"们议论时政，而且大加赞誉，冠上"公论""清议"美名。

千年来，人们梦想中"百家争鸣"的情景，在这时似乎真的实现了。

在摸清上层政治风向之后，这些清流名士们把这条路看作"不次峻擢"的捷径，纷纷往这条路上挤，一时间，李鸿藻铺子里生意兴隆，团队壮大。

慢慢地，有些人开始总结"成功"经验。有人就私下里说："那总理衙门就好比一个靶子，找准靶心，瞄准，连连放箭，就能箭箭中的。"

只要摸清太后心思，说出来的话动听，那就可以箭无虚发。

对于慈禧放任清流派的做法，历史学家们给出差不多一致的评论，认为她这么颠来倒去，只做一件事情，搞一场权力平衡政治游戏，结果是让太和殿上那条美丽纱帘长垂弗替。至于政见是非得失，国家兴衰存亡，全都不在她算盘上。

各位清流名士目的虽然各不相同，但在客观上，他们日夜研究，大喊大叫所做的这些工作，确实让清末洋务派得了一场政治感冒，也被后来许多学者比喻成挡在洋务运动大车前的螳螂，但是，我认为，他们是有功绩的，而且很显著。

顽固派与清流派有何不同？

"内须变法"，是李鸿章办理洋务事业的必要工作。

李鸿章主办制造枪炮轮船的军工厂，需要两样东西，"非铁不成，非煤不济"。然而，这两种东西清朝没有现货，如果去外国采购，价格高昂，加上海洋运输费用，成本更高。

李鸿章下定决心，带头办起另一摊事业，开矿山、建铁路（解决运煤、运铁交通问题）。

这些事业，对清朝上上下下来说，何等新鲜。对李鸿章来说，前无古人，一切都需要尝试。

就在李鸿章兴致勃勃地动手做这些大事时，清朝政治高层另一个派别——守旧派迅速发动对他的大肆围攻。斥责他"用夷变夏"，咒骂他"必欲竭清朝之国帑、民财而尽输之洋人。"

随着洋务企业步步扩展，守旧派的种种诅咒，像冰雹一样从天而降，急急向李鸿章袭来。

这些守旧派自命正人君子，有中央大员，也有地方士绅，男男女女，老老少少，一个个都伸展腰肢，指手画脚，"动以不谈洋务为高见，有讲求西方学者，则斥之曰名教罪人，士林败类。"

现实太严酷。"我这里办点事，容易吗？你们这些人就整天骂我吗？"

"老祖宗都没有这样做，你这样做，肯定是错误。我们就是从内骨子里，看不习惯这些新鲜玩意。"

"再说，西太后要削减外藩力量，我们顽固派，就在政治上要站好队，跟紧西太后步伐。我们不反对你洋务派旗手李鸿章，我们反对谁？"

李鸿章仰天长叹："鄙人喜闻谈洋务之言，以致冒险负谤。"

面对守旧派在社会上的层层阻挠，在政治上从高层大搞破坏活动，李鸿章倍感寒心。

这些人，烧饭要用煤，出门要坐车，而他们大骂特骂我们这些挖煤的、造车的。他们这群人，就是"端起碗来吃肉，放下筷子骂娘"那种人。

李鸿章大为感叹，"涉历洋务已十余年，尝苦有倡无和"（倡，同唱。自己一个人演唱，没有人跟着应和）。

同样是攻击洋务派，同样是一群骂起人来不要命的读书人，清流派与顽固派之间，存在着很大的分歧，有很大的不同。

在顽固派眼中，洋务派的每一个动作，都不亚于挖了他们家的祖坟。"洋务派已经把祖宗成法挖得千疮百孔，我们对洋务派恨之入骨。"

对于洋务派改变世界的做法，清流派异口同声地反对，反对的内容与顽固派大相径庭。

"面对世界大变局，洋务派改变我们脚下的这个世界，是对的。如何变呢？那应该按照我们指定路径变，而不是按照你们洋务派想法来变。"

一些历史学家认为，清流派、洋务派之间分歧，如果一句话来概括，就是：政与教何者为先，利与义何者为重？

清流派重教（儒教）、义，李鸿章重政、利。

清流派香消陨灭

近代史上，名噪一时的清流派，到后来，咋就弄没了呢？

这就要讲到 1883 年中法战争。

随着越南问题升级，战争危险日益临近。这一形势，大家都看在眼里，却没有几个人急在心里。

奕䜣是军机大臣，掌管军队的李鸿章，职任直隶总督、北洋大臣，这两个挑大梁者，已经形成一个倾向，用他们的话讲，那就叫主和。

主和就主和，这只不过是主张问题，但是，你得动员军队，积极备战吧。就是街头大妈都知道，你要让邻居不打你，让人家跟你讲和，首先是你要打得过人家。你身上没有几两肉，人家就欺你没商量。

你有强大的军事实力，人家才跟你和谈。至少，你得做战争准备，而且，看着人家要动手跟你开打，你准备工作也应该做得积极一点。拿把切菜刀放在磨刀石上使劲地磨，拼命地磨，做做样子给人家看，吓唬对方一下也行啊。人家都拿着刀子追过来，你还是站在那里背着双手，像个绅士一样走来走去，那叫什么事呢？

正是这两个挑大梁人物不作为，使得中法对峙形势更加严峻（法国越来越嚣张）。

1883 年底，法国向清朝提出一个要求：越南全部归属于它。

清朝是越南保护国，这个要求太过分。

清朝拒绝这一要求，法国随即向驻防越南北部地区的清朝军队发动进攻，挑起中法战争。

战争开始后，在几个月时间中，清朝军队连吃败仗，从越南北部一直后退，退至边界一带。

在这里担任前线指挥的是广西巡抚徐延旭、云南巡抚唐炯。这两个人，是李鸿藻保荐的人选。

前线溃败消息传到朝廷，舆论哗然，群情激愤，大家纷纷指责徐延旭、唐炯，突然有人想到保荐人。他们之中也有人对奕䜣这位军机大臣软弱的军事行动表示不满。

左庶子盛昱上一份奏折《疆事败坏请将军机大臣交部严议》，弹劾对象是徐延旭、唐炯，指出他们俩的罪责是失地败兵。稍带也把军机大臣李鸿藻、奕䜣卷进去，认为他俩的问题是措置失当。

盛昱本意是好，目的只是想将军机大臣激励一番，让他们振作起来，坚定抵抗决心。

这件事被慈禧抓个正着。她借着这个折子，发动了一场"易枢之变"。

看到盛昱奏折后，慈禧没有立即将军机大臣们交部严议，而是招来光绪生父、醇亲王奕譞秘密磋商，然后于1884年4月8日传下懿旨，以"委蛇保荣，因循日甚"为理由，将军机大臣奕䜣、宝鋆、李鸿藻、兵部尚书景廉、工部尚书翁同龢全部革职。随即在这些重要职位上任命一批新人。

这一次人事更替，有一个重要人物，他的任命实在不可小看。懿旨规定，"以后军机处凡是有重要事情，必须同奕譞商办。"

当初光绪继皇帝大位时，作为光绪生父的奕譞，根据古已有之"父子不同朝"惯例（一个朝堂里不能有两个同时说话算数的人，正如一台电脑不能同时有两个主机一样），那时奕譞已奏请卸去原来所有职务，闲居在家。

现在为了打击奕䜣，慈禧想来想去，便想出这个办法，让奕譞将奕䜣取而代之。奕䜣的职位说没就没。

奕䜣大戏演完，撤台子走人。作为演对手戏的清流派，到这个时候，也就"鸟尽弓藏，兔死狗烹"。

清流派厄运已经在所难免，清流派中没有几个是傻瓜脑袋，大家对于这一天的到来，似乎已经早有所预料，于是，树倒猢狲散，有人以狎妓为由自劾引退（宝廷）；有人先前就找好退路，已转向经营，做起求实工作，成为洋务派（张之洞）。

5月初，一道上谕下来，三个人一起奉旨外调出京：张佩纶为会办福建事务大臣，陈宝琛为会办南洋事务大臣，吴大澂为会办北洋事务大臣。

这是清流派中三个能说会道的台柱子，现在指定给他们的工作是军事之职。

从来没有染指过军事的人，却去担当军事重任，于是人们私下议论，戏称太后这一做法是"书生典兵"。

要么慈禧只顾自己权力斗争，全然不顾及国家安危，要么奕譞做事实在是太没有脑子。

对于在朝廷里舞文弄墨的文官来说，要他们上战场，姑且不论如何指挥打仗，就是听到枪声炮声能够保持镇静，恐怕也不是一件容易做得到的事。

任用人才最基本的做法是扬长避短，专业对口。为远远地打发清流派，不让他们在朝廷里讨论政治，慈禧、奕譞居然用短避长，这算哪门子事呢？

幸运的是，中法战争期间，南洋、北洋没有大战事，陈宝琛、吴大澂没遇上麻烦。

张佩纶所在的福州，首当其冲，想跑也跑不掉。战事起来时，福建水师遭到法舰袭击，全军覆灭。张佩纶随后受到朝廷查处。

慈禧搞书生典兵，到底是为加强前线防务，还是为了让他们经历锻炼，抑或是为看他们出丑？这些心理状态，只有慈禧自己心里清楚。但有一点是明确的：慈禧不再需要这帮子人在朝中鼓噪。

结局可叹可悲

甲申易枢之变对晚清政局影响实在是太大。慈禧赶走的奕䜣是什么人呢？精明仁恕，小心敬畏，深谙洋务，远胜于当时廷臣之上。每每经历事件变故，他从始至终能够从容镇定，消弭祸端。

慈禧把奕䜣赶走之后，醇亲王奕譞执政，孙毓汶专权，贿赂公行，风气日益败坏，议政之风荡然无存。

把眼光放长远一点来看，之后甲午战事、戊戌政局变故、庚子义和团运动，以致辛亥革命，不都与甲申易枢有关联吗？

清流派虽然是慈禧因权力平衡需要而出现的带有民主色彩的政治团体，但是，他们这批年轻人，也是有着自己鲜明的政治特色。对于内政外交，他们深切关注，积极提出自己主张；他们纠弹官员，不避权贵，可以负责任地说，他们对于整饬朝纲起到不小的作用。

他们中一些人提出不符合实际的言论，对当时洋务事业，客观上产生了一定消极影响。但是，在光绪初期清流派存在大约十年时间，清朝政治总体上还是有相当大的起色。

经历1884年甲申易枢之变，奕䜣被彻底罢黜，清流派也被遣散出京，没有人再来狂喷口水。慈禧独霸天下，政局变得越来越混沌，国运随之不断衰微，危机四伏，真真让人可叹可悲。如此教训，也可以用得上"惨痛"二字，值得后人思考。

九、自强运动之艰难推进工作

背景介绍

自1860年与洋人签订和约之后，清朝大门、小门，一扇接着一扇被打开，清朝的国际环境，整体上说来，史无前例地变化。

到同治时期，经历一场又一场血拼之后，农民起义到底还是被镇压，洋枪洋炮进攻到底还是停下来，清朝又得以喘息生存。

经历过这一系列事件，坐在台子上的权贵们再也不会轻易地忘掉农民的怒火，更不会忘记英法联军占领北京这一从未有过的奇耻大辱。但是，现在不用急、不用怕，他们可以坐下来长长地喘上一口气。

对清政府来说，下一个时间段战争（十几年后）一准会到来。眼下这段和平间隙期，能否抓住机会，获取生存条件，至关重要。

该来总会要来。在还没有到来之前，做好准备工作，将来才有继续生存下去的可能。

现在要做的工作，是尽快积蓄军事力量，积蓄财政力量。这两种力量，即便是对维持国内安定秩序而言，也非常宝贵。

从1861年开始，"自强"这样一个词语就经常地出现在奏折上、谕旨上和民间士大夫各种各样文章当中。

这些与时俱进的新词语，表现出当时的人们已经认识到应更新自己的需求，以应对清朝社会所发生的史无前例的新变化。

为了某种新政策，从上到下，提出许许多多的方案。当然，不是每一个建议方案都能变成白纸黑字的政策。

不久，"自强"一词就从种种方案中脱颖而出，变成"流行语"。

在这段宝贵的和平时期，国内和谐秩序维持了下来，许多地区性小暴乱也被一一平定。

在大人物们粉墨登场之前，让我先说点这些背景词，读者你也不要太心急，让他们在后台好好地化个妆，也是个不错的安排。

自强新政之意义

洋务派高举自强大旗，做出一系列革新举措，确实产生了意义深远的成果。

新政策冲击到旧观念。追求"富强"功利行动，狠狠冲击到儒家高度强调的传统——德政。

汉朝以来，独尊儒术，以礼治国。无论是汉族唐朝、宋朝，还是北方来的少数民族元朝、清朝，都把儒家经典"四书""五经"作为治国根本，以礼治国，以礼服人，人与人之间的关系，以守礼、尊礼、懂礼为至上。

而西方人观念、手法不一样，以"功利"治国。亚当·斯密的

《国富论》，主张治国在竞争在取胜，英国外交宗旨"没有永远朋友，只有永远利益"，主张功利外交；人与人之间关系，不是以礼为先，处处充斥利益关系。西方人遵循基督教，教义中心是人与人之间保持"信任"，就像客户与银行之间那张卡一样，叫"信用卡"，有信用，即使是到银行里透支也没有问题。这与清朝人讲求"礼尚往来"不搭界，就如鸡讲鸡话、鸭讲鸭语一样，鸡鸭之间，很难交流。

洋务派追求功利的做法与国人讲求礼义的思想，就这样在清朝历史上形成最鲜明、最直接的冲突。

自强新政对礼教观念产生强大冲击力，这些新措施对旧观念在冲击时都带有一样东西——妥协性，"新措施制定、实施，没有达到引起制度方面重大变革程度"。

新知识、新观念，确确实实地传进来，就像手机、电脑传进正处于跨世纪当代中国一样，信息社会就这样使劲推着人们向前走。尽管当时教育制度和文官制度没有变化，但是这次运动实实在在为新型管理人才、技术人才提供了大量发挥机会的平台。

使清朝"富强"起来的愿望，出现在两类重大人物身上：一类是身负要职的政治家，另一类是越来越多的开明知识分子之中。

自强外交以维持和平

"自强"这个词第一次出现时间是 1860 年，英法联军占领北京以后。

自从它出现在清朝政府官方文件中，就开始成为清朝新对外政策最为重要部分之一。

清朝对外政策落脚点是政府与欧洲列强妥协，接受条约约束，信守和约。

将这个政策翻译成具体措施，那就是，政府工作的要点之一，要放在与列强保持和平上。

如何保持和平呢？

洋务派领导者十分清楚，不可用自身软弱来维持和平，而是要建立起军事、经济力量。

技术层面调整

如何自强？无论是当权政治家，还是民间知识分子，认识都趋向于公式化、简单化：既然欧洲列强强在军事力量上，而军事力量强在技术强大上，那么，采用欧式新技术，那就是最根本的任务。"师夷长技以制夷"，应势而出。

日本人也在学习西方，他们学习西方技术，同时重视学习西方的思想、观念、文化，"用西方人功利思想，改变日本人传统观念"。

学西方技术与学西方思想，学习的内容不一样，改造的对象也就不一样。有人做这样的比喻，大学本科生学习思想，专科生学习技术。

清朝官员、学者们，都定位在学技术层面上。随着洋务运动的深入，学习的深入，人们进一步发现，眼前又摆上两个新的问题，清朝体制要不要做些调整？如果对固有制度进行调整，应该调整到什么程度？

从"讲礼"到"守信"的艰难转变

在清朝政治权力中心，自强主张的倡导者，主要是两个人，奕䜣和文祥，都是负责与洋人办交涉的满族官员。

在地方，主要在长江下游，地方高层官员队伍中，李鸿章、曾国藩等人支持他们的观点。

在19世纪60年代初期，自强观点渐渐得到京师部分官员的支持（包括御史和翰林在内）。

恭亲王奕䜣和内阁大学士文祥，首先产生一个共同认识，"跟西方接触、交涉、做生意已经是不可避免，这国门是无论如何再也关不起来。"

在越来越多交往中，两个人又产生一个相同认识，"西方洋人，不像清朝人那样讲礼，但是，却比清朝人更讲信用。"

产生这个奇特认识的时间、事件，是北京城被英法联军占领之后，签订《北京条约》之时，洋人居然把已经到手的北京城交还了回来。除了烧掉的几个园子（如圆明园），全城其他地方几乎无恙！

夷人这一举动，实在是让这两个人震惊。要知道，这里是京城，要是落在任何一支起义军手上，或者少数民族的军队手中，是无论如何做不到的。

被英法联军这一举动震撼到的，同时还有时任兵部尚书，同时又是主战派首要人物的沈兆霖。

这三个人开始认识到，这些夷人，不是海盗加流氓，而是从一个"信用立国"来的人。

后来，恭亲王和文祥又产生一个认识：这些欧洲人对清王朝多少还是怀有好意，并且可以为清王朝所用。

产生这样的认识缘于三件事：一是上海之所以能够免遭太平军侵扰，部分功劳是要感谢英法联军保护。二是1862年初，李鸿章成功地"借"到洋兵，在洋兵帮助下，才彻底地镇压太平军。在危急关头，谁要是伸手帮我一把，我就是对他叫声爹爹，又如何呢，毕竟人家是救命恩人。三是洋人帮着管理海关，而海关为清政府提供战争所需军费。

或许你要说，洋人管理海关赚清政府的钱，但是，与让清朝官员去管理海关还要政府倒贴钱相比，哪种做法对朝廷更划算呢？

何况，在自己最需要钱的时候，有人帮忙打理打理海关事务，然后送救命钱来，能叫这两人不喜欢上他吗？

这两个人认识到，这些好处毕竟是暂时的，而要长治久安，那就要制定积极的政策、作更长远的打算，这就是1861年初，"自强"一词出台的时代背景。

自强必先练兵

这两个人把自己制定的这些长远而又积极的政策，概括来概括去，最后，发现两个字能深深地表达其中的深刻寓意，既好懂又好记，这两个字就是"自强"。他们非常坚定地认为，外交只不过是一种缓和矛盾的手段。仅凭外交手段，是不可能解决根本问题的。如何自强？必先练兵。如果对方与我们之间将关系理顺，咱们之间就相安无事；如果对方要跟我们对着干，咱们就有备无患。

清朝立即行动，开始着手在天津练兵，以应对当前捻军对直隶的直接威胁。

翰林院编修赵树吉，在总结太平天国叛乱爆发与英法联军发动战争的关系时，得出一个结论：内忧与外患之间，是互相联系的。祸不单行，福不双至。

接着他又得出一个结论：清朝与洋人签订那些协定，是靠不住的，未来确保安全的办法，也是唯一办法，在于寻求自强之术。在一封奏折里，他郑重其事地提出，"清朝要采取恢复元气真正行动，自己变强，就没有内忧，也就没有外患。"

这个赵编修，还真是说到点子上了。

欧洲人的核心军事力量为什么希望跟我们分享？

在军队依着新式方法操练时，新问题被发现了。

军队质量，不只是在于兵员体质、队列阵形、吃苦耐劳精神、吃得好穿得暖（后勤保障），更在于士兵们手中的枪支弹药。显然，大刀也好，长矛也好，方天画戟也罢，那些都是大街上铁匠铺里都能买得到的，而两样东西，在清朝大街上是无论如何也买不到的，那就是枪，还有与枪配套的子弹。而唯有这两样东西，能够精准地、远距离地射杀敌人。

两次鸦片战争中，西方热兵器（枪支弹药）给所有参战的官员士兵留下难以忘却的印象。所有人，从政治家到学者，都出奇一致地认为，只要有几艘炮舰，就能攻下太平天国要塞南京城，就能跟洋人较量一下高低。

正是这个着迷想法，导致李泰国－阿思本小舰队计划（只是由于这两个人实在太差，把清朝人不当人）流产。

从俄国人那里，文祥搞到一些赠送给清朝的枪支弹药，于是，用这些赠送品，着手组织并亲自参加北京神机营筹备工作。这个营跟天津练兵做法不同，虽然都用洋枪洋子弹（新式滑膛枪），但这个神机营不用外国教官。

总不能老是找别人借枪借子弹，也不好老是找别人搞军火赠送活动。自家如果不能造热兵器，那一定会受制于人。在第二次鸦片战争后期，那些和约谈判过程中，中方就试探着向列强提出，能否帮清政府造枪造子弹。

这边还在试探着提这样涉及对方核心军事机密的问题，那边法国就已经投怀送抱。在签约时，法国居然主动地提出建议，要来帮助清政府铸造大炮。

恭亲王和文祥听到这个消息，大为吃惊，猜过来想过去，就是弄不明白为何洋人们竟会如此爽快地提出，让清政府的军队分享他们核心能量的秘密。

接着，欧洲人不停地鼓励曾国藩和薛焕建立新式兵工厂的消息不断地传到恭亲王和文祥这两位军机大臣耳朵里。这就越发让他们俩无论如何都想不通、猜不透洋人的心思，直到他们看到一封奏折。

1861 年 11 月，御史魏睦庭上了一封奏折。他分析道，欧洲人对贸易的兴趣，也就是对黄金白银的兴趣，远远大于侵占别国领土的兴趣。正是由于洋人们想要赚钱回到欧洲城市家中去过舒服日子，而不是占别国土地，然后去收租赚钱，所以清朝才有这样一个千载难逢的天赐良机。

原来如此！恭亲王和文祥这才如梦初醒。

他们这才认识到，正是由于这个原因，西洋人才毫无保留地教会清朝人操作他们的大炮和船舰，而且允许清朝人像彼得时代俄国人那样跑到欧洲去学制造武器和造船技术。

魏睦庭的折子让恭亲王和文祥茅塞顿开，于是，他们下定决心要让清朝军队在短时间内学会造船、造炮、造枪、造子弹。

考据功力甚是了得！

魏睦庭在自己书房里深深地考究一番之后，在奏折中写道，欧洲那些新式武器技术，它们的老祖宗是中国人。

他论述道，中国人是火药发明人，元朝时，蒙古人把它们传到欧洲，在欧洲得到改进，现在才表现得奇巧百出。所以，咱们天朝大国人，学习欧洲人这些新技术，一点也不丢面子，因为咱们不是学习他们，咱们学习的，是老祖宗通过欧洲人传下来的技术。

有了魏睦庭的研究成果，有了这重大的考据结论，让清朝人在学习西方人先进技术时，再也没有思想顾虑。

魏睦庭深入一步，给清朝人找个好榜样，以达到榜样力量是无穷的这个目标。这个榜样人物就是汤若望和南怀仁，他们俩分别在康熙朝和乾隆朝，得到两位先帝允许，在北京城中，教清朝人铸造枪炮。魏睦庭考证说，从此，西方武器在清朝传播，两位也因此而立下军功，做出贡献。

我们来看一看这位御史先生提出来的一揽子解决方案。

他说，幸运的是，西方国家渴望中国国内安定团结，在这种条件下，来中国发展他们的市场。正是基于此，他们的侵略意图没有向领土统治权前进，而是停留在目前状态。那么，清政府应该制订一项计划，也就是放手在欧洲人帮助下来制造枪炮和战舰。他信心十足地展望美好前景：忠于帝国臣民之中，不乏才智之士，所以将来中国在这些方面一定会胜过西方。

这份奏折，既激动人心，又让人摩拳擦掌。

由试验到计划飞跃

看过魏睦庭奏折，恭亲王和文祥着迷一般要弄到西方那一套火器技术。他们想到的第一个方法是购买。

1863 年，这两个人通过军火采购，得到一支影子舰队（前文有述）。

恭亲王和文祥着实被李泰国弄得非常懊恼，这也让他俩在学习西方路途上重重地摔了一跤，狠狠地被洋人上了一课。

尽管挨下那一顿闷棍，尽管当时人们还在厌恶一切海上漂来的洋货，但是，身为军机大臣、大学士的文祥，还是下定决心要让清政府建立自己的舰队。

就在满族领袖人物特别热心如何自强时，他们突然发现，有一个汉族人物，实在可以拿来做学习西方的榜样。

1863—1864 年，李鸿章在江苏采用雇用外国军官的方法，成功地训练了一支军队，随后，又成功地弄到一位洋人（那位马格里布军医），来帮助他制造西式弹药。

李鸿章在现实中取得的成功，对恭亲王和文祥来说，那是带有实验意义的。

在找到这个典型人物之后，两人立即将李鸿章成功的经验上升为一套理论：自强应该有计划，一个着眼于长期安排的系列计划。（先试验，再制订推广方案。）

总算找到你了！

这个计划的第一步，在 1864 年的一份奏折里有详细表述，"自强以练兵为要，练兵又以制器为先。"

计划第二步，在联名奏折中，俩人一致推荐李鸿章开创新事业，以此为论据，提出合理化建议：在旗军中选派子弟，到江苏李鸿章兵工厂那里当见习生。

为此，提出政治口号，"有事可以御侮，无事可以示威。"

从贬夷到师夷

在一个没有网络、没有报刊、没有手机种种现代传媒的年代，身为地方督抚，曾国藩、李鸿章、左宗棠这些人在事务缠身之时，强烈地关注国际时事变化。他们似乎对政府与西方军人、商人、传教士之间争争吵吵发生麻烦的问题特别感兴趣。

这些人一方面力挺朝廷坚持"和夷（或者叫抚夷）"政策，一方面看着夷人强悍，认为该是时候自己动手发力了。

没有无缘无故的爱，正如没有无缘无故的恨。这些人对西方枪炮技术之"爱"是由内战中对太平军之恨引发的。

1854 年，为跟太平军作战，曾国藩从广东购买洋炮。正是有这些西洋火器，湘军在湖南、湖北战场实力一步步强过太平军，一仗接一仗，从失败到胜利，铁的事实说明，洋炮、洋枪的作用决不可小看。

曾国藩尝到甜头，感受到热兵器对付冷兵器的绝对优势。大刀长矛你舞得哪怕像一朵花，只要射程内一粒小小的手枪子弹就能要你的命。

1862 年初，上海英法联军轻易地打退太平军中称得上最精英、实力最强悍的部队。这一次，联军使用的西洋火力给曾国藩印象太深刻，这些火器威力是他前半辈子从来不曾看到过的，连中国古代浩如烟海的兵家书籍中也没有记载。

深深反思之后，曾国藩提出自己的主张——"师夷智"。

从一个高高在上的清朝官员，从一个不把夷人看在眼中的湘军创始人、领军人，到低下头来向那些连自己也瞧不起的夷人学习，曾国藩完成了自己人生的一大转变。

从"购买"到"制造"

曾国藩没有像有些人那样，把"师夷智"放在文章里或嘴巴上，而是立即动起手来，试图仿着夷人之法，制造出西方才有的那种枪炮和机械动力的汽轮船。

1861 年 8 月，朝廷决定向英国购买一艘军舰，消息传来，曾国藩发表一通观点。

"咱们大清，不只是要买他们的装备，还要买他们生产这些装备的设备，还要学习人家，学习人家生产新军事装备的技术"，然后，他强调说，目标是在清朝本土生产，"大清制造"。

紧接着，在如何仿制洋枪洋炮方面，曾国藩提出人才问题解决方案："访募覃思之士，智巧之匠，始而演习，继而试造。"

曾国藩的人才观

1861 年安庆收复后，曾国藩请到几个数学家，聘请他们来到安庆兵工厂。这其中名气响当当的人物有华蘅芳、徐寿和李善兰。

在曾国藩这一时期的著述中，可以经常地看到他在强调——安置"贤且智者"——把他们安排到管理岗位上去，成为兵工厂制造枪炮器械的人才基础。

比起安排门生故旧到管理岗位上的官吏而言，曾国藩是不是大大地超越了其他清朝官员？

作为封建社会旧官员，他在1862年6月的日记里写道："欲求自强之道，总以修政事、求贤才为急务；以学作炸炮、学造轮舟等具为下手工夫。"可以看出，对西方技术，对掌握西方技术的人才，他简直是望眼欲穿。

两次华丽转身

李鸿章第一次接触到西方技术，是那次从安徽老家运兵到上海途中，带着淮军坐上从英国商行租来的轮船。当军队通过太平军控制危险区域沿长江顺流而下时，他没有去查岗看哨，而是钻进机房，利用别人坐着或躺着休息的三天时间，看着那些轰鸣的机器，他陷入了沉思。当他带着军队安全上岸时，他的思考有了结果，掂量出西方技术在他所在的那个时代的伟大价值，得出一个结论："用夷变夏。"这个时间是1862年，可以说，作为一个年轻军官，他比起其他只想当官发财的人更有头脑。

到达上海后，李鸿章除组织防务、扩军招人、募集捐款、训练军队这些日常工作之外，主动给自己加上两项工作。

一是细细地察访外国军队，看他们操列训练、射击训练。二是晚上给曾国藩老师写信，汇报观察成果，写出自己的观后感。他不间断地写，派出专人向曾国藩传递观后感。

在信中，他花下很大笔墨赞扬外国军队遵守纪律的动人场景，花更多笔墨赞扬外国枪炮的巨大杀伤力。在一次实地观看洋兵作战之后，他写道："洋兵数千枪炮并发，所当辄靡。其落地开花炸弹真神技也！"表达他极其向往拥有这种神技的迫切心情。

机会总是向着有准备的人。一心想弄到神技的李鸿章，终于有机会购买到它们。通过努力交涉，李鸿章弄到一些西方武器，他立即拿来装备一部分淮军，命令士兵"立即开展西洋射击技术演练"。

此后，李鸿章便隔三岔五跑到军训操场，看将士们操练洋操，射击洋枪。

他不但喜欢射击，还经常把将士们召集在一起训话（日戒谕将士虚心忍辱，学得西人一二秘法），"我花大钱请来洋教官，大家要抓住这个难得的机会好好跟他们学上几招。""如果驻军在上海这么长时间，却学不到洋人机要技术，到时候就悔之晚矣。"

1863 年，在写给曾国藩的信中，李鸿章说："大清目前发展军火事业，对付大清叛乱、匪患，绰绰有余，但是，如果要与外国较量，占不了上风。"

"据我了解，这些年，俄国和日本都在抓紧时间、抓住机遇学习欧洲技术，他们的大炮和轮船不停地升级，开始变得有战斗力。他们开始有能力与英法进行较量。我们还不行。"

"如果从现在开始加紧行动，那么，一百年之后，肯定能够自立于世界民族之林。"

"我大清军事力量薄弱，不只是军事方面，与富饶的西方相比，我大清贫困，经济捉襟见肘。洋人在条约中，以商埠为据点，取我经济利益。大清要自强，须一个长时期的过程。"

清朝为什么落后于西方呢？

"在上海，我接触到各类人，从他们口中，我得到确切消息，采用机器生产，十分复杂。需要资金、机器、技术人员。我已打听到西方国家挑选和培养技术人员的办法，这与我大清录用人才的科举制度大不相同。"

"对于咱们大清来说，要进行一项至关重要的改革——科举制度改革。"

"大清要自强，那就要调整现存教育制度（私塾学校制度）、文官录用制度。"

1864 年春，李鸿章又开始动笔写信，不只是送给曾国藩，同时送给恭亲王。

"我建议在上海设立外国语学校，在教学科目设置上，要设置西方数学、科学。"

"大清士大夫沉浸于章句小楷之积习，武夫悍卒，又多粗蠢而不加细心。以致所用非所学，所学非所用。无事则嗤外国之利器为奇技淫巧，以为不必学；有事则惊外国之利器为变怪神奇，以为不能学。殊不知，洋人视火器为身家性命之学，已历数百年矣。"

"教育制度、文官录用制度引导下，全国有知识之士人，包括上流人物，全都蔑视技术，瞧不起技术人才，不给他们以任何社会地位。天下学子，全都去挤学而优则仕那座独木桥。政府应该改革这种体制，使得学而优人才，在技术上发展，在数学、科学上有前途、有钱赚，有体面，能发家，能致富。"

"在大清，知识与技能之间完全脱节，两者没有配合，没有协调，大清因此而吃尽苦头。明知识，是儒者；会技术活，是匠人。这两类人，中间隔着一条大大的鸿沟，正是这条鸿沟，使得儒者瞧不起匠人，匠人也不能升级为儒者。这样你不理我，我不睬你的结果，是功效不能相并，造诣不能相谋。手艺再高、品行再好之人，即使是行业里的顶尖高手，充其量只不过是一匠人而已。"

李鸿章说，"在西方国度，机器发明者一定会得到当官荣耀。"

"在西方国度，能造一器为国家利用者，以为显官，世食其业，世袭其职。故有祖父习是器而不能通，子孙尚世习之，必求其通而后止。"（当代：专利法制度）

新科取士建议案

清朝该如何向西方学习，在学习西方过程中避免少走弯路？李鸿章找到一个样板国家，他把眼光瞄向日本。

"日本人正在发奋，努力学习西方技术，正如大清百万计学子发奋努力学习儒家经典一样。日本人那种拼命学技术、集中力量学习西方的精神，实在让我感动。"

"我已得到消息，德川幕府把名门子弟送到西方工厂去当学徒。"

"名门子弟当学徒工！这在大清是做不到的，大清高官子弟不会到国外工厂里去当什么学徒工，一定要在衙门里做官。"

想想看，日本人做到这一点，那些名门子弟社会影响力就会在全日本放大，会带动整个日本学技术浪潮！咱们邻居能及时地改变政策，为什么我们大清就不能改改呢？

李鸿章向朝廷建议"在录用人才时采用新政策"。

"在考试制度中，为那些精于技术应试者，另设新科，让他们跟文科考生平起平坐。"

"生生不穷，事事可通。（《易经》）现有考试制度可以变通。"

恭亲王细看李鸿章的信件，将重要部分一一附在奏折上，呈送皇帝御阅。

一段时间过去，李鸿章提出的关于考试制度改进的建议（设立科技新科），皇帝没有批文，石沉大海。

皇帝准奏开办江南制造总局

一天，李鸿章向皇帝送上一本奏折，详细地谈论机械对民生所作的各种贡献。

"皇上，洋机器对于耕田织布、印刷、陶瓷器生产，用途可大着呢。对于百姓民众的日常用途，特别广泛。为什么机器的作用这么神奇？那是因为它借水和火的力量，节省人力、财力、物力耗费。它原本是专业为军队生产装备用，现在民间也要使用。我想，在数十年之后，大清富裕起来后农民、商人，一定会大量地采用洋机器生产，以追求更大利益。我这也就是给大伙儿带个头，做个试验如己。"（此段为译文）

考试改革，设科技新科，担心保守大臣洪流一般的口水，皇帝没有批准。这次办厂子，既能为国家赚钱，又能赚民生福利。折子送上去，很快就批了下来。

一天，李鸿章接到圣旨，皇帝批准创办江南制造总局（1865 年创立）的方案。李鸿章对身边的将官说，"这下，我们可以甩开膀子使劲干了。"

非常欣赏西洋轮船

左宗棠，1863—1866 年任闽浙总督。

1864 年，左宗棠在浙江指挥楚军（左宗棠组建）剿灭太平军，决定联合常捷军（主要成员：法国海军）一起作战。

左宗棠经常和常捷军的两个领导德克碑和日意格聊天，从这两个法国人口中，左宗棠了解到，英国、法国、德国等西方国家的军队，在征服印度、越南、印度尼西亚等国家时，轮船和火药武器，起着决定性的作用。

左宗棠目睹 1864 年收复杭州战役。这是一场西洋轮船作战的杰作。有点像美国人待在波斯湾航空母舰上，摆弄摆弄计算机，就能发射导弹，准确飞射伊拉克，将一个个军事目标炸成废铁。

这次杭州之战，西洋轮船开到附近江面上，向着城墙发射炮火，轻而易举炸开城墙。这给左宗棠留下深刻印象，"在大炮的炮火面前，厚实的城墙就变成一张薄纸，几乎不起作用。"

在随后两年时间里，左宗棠多次目睹西洋装备的机械轮船在追击沿海海盗的过程中，那惊人的速度，那强大的威力。

对着身边的将官，左宗棠说："这些西洋轮船，是我一生中见过的在战场上最有用的东西。要是拥有它，还有什么事不能做成？要是能制造它，还有什么战事不能轻而易举地摆平？"

平定太平天国，战事结束，左宗棠立即向皇帝提出建议，"采用西洋造船技术，建造战船。"

造船为自强之第一要务！

用左宗棠的话讲，"泰西巧而大清不必安于拙也；泰西有而大清不能傲以无也。"人家机器那么灵敏巧妙，为何我们不好好学习，而安于笨拙呢？学习就是，学习又不是什么太难的事吧。人家能造出轮船，难道我们大清工匠就一定造不出来吗？只要我们放下"天朝大国"的架子，安下心来，好好向西方人学几招就是，再复杂的轮船也一准能造出来。

左宗棠与李鸿章有很多地方不一样，特别是为人，左宗棠很谦虚、很低调，能够眼光向下。李鸿章很张扬，眼光向上。

左宗棠用向下眼光，看清清朝软肋。"大清是一个睿知国度，西洋是一个聪明国度，大清知识分子追求从实践上升到理论（务虚主义），而西洋有知识之人，将知识运用到实际生产之中，运用到科学实验之中，他们追求理论指导下的实践（务实精神）。"

"学校是一个培养人才的地方。我们学堂培养出来的学生，往往眼高手低，动手能力差。大清教育制度中，没有设置培养学生动手能力的课程。应试教育培养出来的，是一群接一群的理论干将。"

1866 年，皇帝批准左宗棠建议案，建造海军。左宗棠选定福建马尾，首先建造海军船坞，随即建造海军轮船。

蓄势与论理

郭嵩焘（1818—1891 年），咸丰时期，翰林院学者，为近代外交政策策划出一套哲学理论。

二十四岁时，这位年轻人，在浙江东部目睹鸦片战争，看到洋人大炮、冲锋枪、轮船势不可当的威力，听到洋人为什么万里迢迢来清朝打仗的民间传闻。

战火停歇，郭嵩焘坐下来，对这场战争冷静思考。此时，从官场到民间，所有人都认为，这场战争是洋人的过错。郭嵩焘说："这场战争，不是洋人的过错，是我大清国对外政策过错导致。"（"自古边患之兴，皆由措理失宜。"）

由此结论出发，郭嵩焘提出大清与外国交往的策略，"处理世界大事，势与理都应重视。"

"据我观察，我们大清官员在处理对外问题上，这两方面总是脱节。要么是跟对方比势，靠军事实力说话，谁胜谁就是老大；要么一味地跟对方论理，不去营造自己的势，结果，吃亏的总是我们。"

1856 年，郭嵩焘来到上海，看到那些繁华的西式建筑，羡慕西方富强，认为西方人为了自己富强而进入别的国家。

在上海这个商业海洋里，郭嵩焘看到，欧洲人极为讲理。欧洲人所讲求之理，换成大清人的说法，叫"信用"。做生意依靠的就是信用。"西方人在上海弄出那么高的教堂，也就是叫人们遵守人与上帝之间的承诺，遵守人与人之间的承诺（守信）。"不久，郭嵩焘看到洋人的另一面，"他们的信用，是靠势力来保护，是靠强大的军事实力、经济实力做后盾。"

1857 年，第二次鸦片战争在广州打响后，郭嵩焘离开上海回到北京，继续到翰林院任职（他在 1847 年已进入翰林院）。

1858 年英法舰队迫近大沽，京城里大小官员群情激愤，爱国之情一天比一天高涨，主战声不绝于耳。

"洋鬼子要是占领大沽，进逼京城，那麻烦可就大了。这京城是无论如何不能丢。否则，这千万家当财产怎么办，即使自己能跟着皇上北逃，老婆孩子怎么办？总不能全都丢给洋鬼子吧，想起来太可怕。"

所有人脸红脖子粗，一个个摩拳擦掌摆出一副要跟洋鬼子拼命的架势，郭嵩焘却异乎寻常的冷静，"目前夷务，不战易了，战之便不能结束。"

郭嵩焘不幸言中，战后的一系列不平等条约让清政府遭受惨重损失，清朝被拖入半殖民地的深渊。

1859 年，郭嵩焘被调往天津，帮助沿海搞防御工程。

郭嵩焘仔细观察后，向最高指挥官僧格林沁提出建议，"据我考察，洋人来咱们大清的目的，是来通商。因此，我方应该讲求应对方法，最不可取的方法，是与他们进行战争。"

1859 年，僧格林沁率军在大沽战斗中取得大捷。得到消息，郭嵩焘情绪异常低落，整天忧心忡忡。

事情发展正如郭嵩焘担忧的那样，大沽胜利并没有带给两国关系的好转，反而进一步恶化。清政府跟洋人之间，战争深渊愈陷愈深，战火越烧越旺。清政府脱一身皮，徘徊在危亡边缘。

抑郁中，郭嵩焘痛惜放言："大清与西方正面接触，也有二十余年，可是，却从来没有从其中得到什么教训，只是按照自己的想法，一个劲地往前奔。"

1862 年，郭嵩焘再一次来到上海，这次，他是来给李鸿章打工（当幕僚）的。一天，跟李鸿章交流自己对时局的看法，郭嵩焘说："处理夷务时，我们应该去理解外国人的动机，这里隐藏着问题的解决方案。"

大侠声音就是怪

冯桂芬（1809—1874 年），在苏州书院中从事教学和研究，这一平稳工作、美好的生活方式，到 1860 年太平军攻陷苏州之时突然被打断。

在逃避战乱的途中，冯桂芬看到西方大炮的可怕威力。亲眼看到发射出来的火球，在对方阵地上猛烈爆炸，将对方将士炸得血肉横飞。

正当他惊异于西方大炮的威力时，得到一个恐怖消息，"英法联军占领都城北京。"

冯桂芬一边细细观察世态变化，一边静静思考这其中包含的人世间的秘密，这些思考结果汇集成一本书：《校邠庐抗议》。

在上海，冯桂芬观察英、俄、法、美武力情况，得出结论，这四个国家在武力方面相等，四国之间，势均力敌。

据此，冯桂芬预测他们将来在清朝的行动：这四国暂时会出现平衡状态。基于此，清朝在与四国签订条约之后，会有一段时间是安全的，可以称之为战争间歇期。

将来，这四个国家之间，有可能达成协议进而合谋清朝，或者某一国胜出取得独占地位。不论出现哪种情况，大清一定会再一次遭受外国战争的困扰。

接下来清朝经历的变故，严格依着冯桂芬预测的方向运行，经过洋务运动一段平静时期之后，便是美国推动各国联合起来肢解清朝门户开放政策，进而便爆发了甲午中日战争、中法战争。

冯桂芬还得出另一个更加重要的结论，"清朝应自强，而且必须及时自强，抓紧时间，加快速度。"

因为这四国在大清的势力总有被打破的一天，那一天一定会到来。大清要在这一天到来之前，变得强大。

清政府该如何做，才能在下一场战争到来之前做到国家强大？

冯桂芬重点论述四个字：自我批评。

"反躬自问，自我批评，不为别人意见所左右。"当人们毫不客气地寻找自身缺点时，才会毫不犹豫地学习别人的长处。

冯桂芬说，在学习别人的办法时，如果另外一些人认为这种办法不对头（被顽固派认为违背古圣先贤做法），我们都要毫不客气地学习它；如果办法对头，哪怕是我们今天瞧不起"蛮人""夷人"的做法，我们也要毫不脸红地立即学习它。只有这种精神，我们才会走到自强的彼岸。

此时大清人，从上层官员到普通百姓，从知识分子到干活老农，大家只认一个理，"咱们天朝大国，人人学古圣先贤教给我们的真理，不会也不能弯下大清子民高贵的腰，去学习蛮夷人的做法，即使他们的做法对，也不能学。"（傲慢、偏见和无知）

冯桂芬认为，在三个方面，西方国家远远地走到大清前边。

人力资源充分利用（英法等国已经建立合理配置劳动力的市场流通的平台）；物质资源充分利用（特别是煤、铁矿产资源开发与利用）；君民思想沟通渠道建设（英法等国上、下议院议会制度，选举制度）。

冯桂芬认为，清朝有一样东西，充分发挥出来，就足以超过西方。这个东西叫经世致用。"清朝人运用起经世致用的智慧，就足以对落后的方面进行革新。"

清朝要想向西方学到科学知识、技术，在科举制度上，必须进行重大改革。

如何改革？

兵工厂和造船厂中的优异工匠，为什么不可以授予举人功名？那些能改进西方产品之人，为何不可以授予进士功名呢？还可以允许他们一起来参加殿试，博取名次。

如果国家这样改革，上行下效，号召大家学习西方技术，岂不是就容易得多？这样做，将来会有越来越多的技术人才，就会远远地超越西方。

李鸿章仔细阅读《校邠庐抗议》这本书，做出决定，"邀请冯桂芬当幕僚，为接下来的洋务事业出谋划策"。

冯桂芬接受邀请，当上李鸿章的幕僚。

十、体制改革何其难

魏源在《海国图志》中的一句话，在社会上广泛传播开来——"欲制外夷者，必先悉夷情；欲悉夷情者，必先立译馆，翻译夷书。"

冯桂芬在《校邠庐抗议》里提出"采西学，制洋器，筹国用，改科举"。

由于沙俄入侵，形势紧迫，需要懂俄文的人去跟他们交涉，否则，人家端着枪就在你家边境上抢财物、抢女人、抢土地，招呼都不跟你打一声，因为你家没几个人能听得懂俄语，没人知道他们最近想在哪一处动手。人家就是大声地说，明天我要抢你家某某村子，你都弄不懂，那你不是白挨揍吗？

万不得已，政府办起俄罗斯文馆，培养俄语人才。

接着政府又发现，国门一打开，外交事务越来越多，今天不是这个老外来办事，明天就是那个外国人来谈工作，需要的翻译人手越来越多，不只是需要懂俄文，英文、法文，包括日文，都要人手，情急之下，总理衙门决定将那俄文馆撤了，干脆找一个更大的地方，弄更多人来教各国语言文字，这家馆子，名叫同文馆。

摊子铺开来，学生一批接一批招进来。学生们不能天天只学别国语言吧，那样教起来枯燥，学起来艰难，于是，算学、天文、地理，这些科目一样一样地设立起来。大家一边学外语，一边了解各国国情，知晓人情风俗。

学生、老师们干得热火朝天，这时候，皇帝身边的顽固派站出来，大声指责："大家都是儒家弟子，学那些奇门之术做什么？"

上级领导发话，同文馆顶不住压力，只好将新设学科一一裁剪，教学科目仅限于外语，并改变招生方案。以前，不论你是什么身份，愿意来学，都可以录取，现在，要进行身份审查、年龄审查，只招收八旗儿童，而且必须是十四岁以下。

听到这些消息，冯桂芬心中有一个感觉，清朝政府顶层，有一块巨大乌云。太阳光辉只是闪现一下，又迅速被乌云淹没。冯桂芬心想，改科举实在太重要，再不改，过几年清朝还是老样子，等到外国力量重新联合，看到清朝还是弱不禁风的样子，一准会像一群狼一样扑过来。

冯桂芬想来想去，觉得李鸿章头脑开明，这个国家，需要李鸿章这群人把它支撑起来。一天，冯桂芬找到李鸿章，谈起自己的看法。

李鸿章听了，缓缓地说："你这是吃自己饭，想国家事。这个国家需要你这样的热情和头脑。"

同治三年（1864 年），李鸿章向恭亲王写信，提议"在科举里专门设立一个新科目，来选拔那些懂科学技术的人才"。

过了两年，总理衙门推出新举措，设立算学馆，招收满汉举人入馆学习。"有举人身份，就可以免试入学。"

接下来发生的事情，让我们当代人也感到十分奇怪。

半年时间过去，算学馆里，没有学生来报名。

清朝的学子千千万万，大家都一个劲地往科举的道路上奔，没有人愿意到算学馆里来读书。

"科举考试中进士的人，出来就是国家干部。同文馆、算学馆里毕业的学生，虽然也分配工作，但工作的性质不一样。不是当官，而是当个翻译或做会计。"

消息反馈到恭亲王案头。恭亲王想了想，既然这些出身高贵的人只想当官，那就扩大招生范围，"正途出身五品以下京外各官，只要有愿意来学习的，都可以来京城。"

在这段批文的后面，恭亲王特意添上几句话，"学子们进取途径一经打开，那些身负奇技异能的人才，必定会踩塌学馆门槛。咱们大清人聪明才智不比西方人低，西方有那么多人倾心于科学技术，咱们大清从事科学技术的人才将会更多。"

恭亲王也没有想到，清朝人当官的观念，就像一堵密不透风的墙，任你什么政策措施，他们就是油盐不进。时间一天天过去，仍然没有几个人到同文馆、算学馆来报名。

就在同文馆成立时，翰林院里开始流传一副对联：诡计本多端，使小朝廷设同文之馆；军机无远略，诱佳子弟拜异类为师。

为了排挤同文馆这个异己，翰林们挖空心思寻找不利于同文馆的证据。功夫不负有心人，他们中有人找到一个让所有翰林们都兴奋的证据。

同文馆这个名字，在宋代时就有，偏偏是一个狱名，而且是个最坏的监狱。监狱设计人蔡京，残害忠良，排除异己，早已成为历史"名人"，臭名昭著。

在与同文馆、算学馆的对仗中，翰林们算是出一奇兵。

看着同文馆、算学馆这两个新事物，饱读儒家经书的翰林们，就像看着肉中刺、眼中钉，必欲去之而后快。

有翰林从浩瀚书海中搜索出一句话来，那是百年前康熙皇帝曾经评价西洋各国的一句经典台词："千百年后，清朝必受其累。"

康熙爷这句话，今天看来，实在是一种越级远见。

倭仁把它拿过来骂人。用上曲解手法，先是赞扬康熙爷圣虑深远，紧接着说，康熙爷虽然也用西洋国某些方法，实际上非常痛恨西洋人（虽用其法，实恶其人）。既然连祖爷都深恶西洋人，那么今天不是更加应该与西洋不相往来吗？那又"何必同文"呢？

倭仁说："跟坏人往来，本身就错，跟他们同文，更是错上加错。"

翰林们认定，"学而优则仕是伟大传统。西学不是经书。丢掉经书不读，而研究什么夷人西学，岂不是离经叛道？"

科举制改革在斗法中流产

"动手造家具都是工人匠人的活计，哪能叫有着高深学问的儒者来做？"翰林们坚决反对举人去同文馆、算学馆。

总理衙门看着翰林苑的翰林们向同文馆、算学馆发起一波波攻击，发出回应，"你们这些进士、翰林，如果再进算学馆进修深造，三年之后，包分配工作，而且拿高薪。"

倭仁立即反驳，用挖苦口吻，在奏章里说："利之所在，众人必趋，又是高薪，又是优厚福利保障，这些读书人何乐而不为呢？然而，以利来引诱，会使天下举子贪利而忘义，那样一来，国将不国。"

"一旦学子们动摇忠君概念，动起贪利邪念，就会上亏国体，下失民心。"

倭仁狠狠地给同文馆、算学馆扣上一顶帽子，"诱惑学子们做贪利忘义之事。"

倭仁以及一批顽固守旧的大臣对同文馆、算学馆大张挞伐，还有哪个正途出身的举人敢去同文馆报名？

没有正途举人敢于踏进同文馆、算学馆半步，新式学馆被这批人完全封杀。

此局，倭仁胜。

倭仁得胜不饶人。下面有翰林们拥护着，上头有"皇上老师"这张神牌罩着，倭仁越发神勇，写起奏章来，有点收不住笔。

倭仁说："天下之大，不患无才。如以天文、算学必须讲习，博采旁求必有精其术者，何必夷人！又何必师夷人！"

奕䜣发现，倭仁这句话漏了一个破绽，立即冲上去，随即跟进上奏折，"是吗？我们内外臣工忙活二十多年，在寻找精通天文、算学人才，你耳目中竟然有其人！（倭仁的话，翻译过来就是：用博采旁求办法，我倭仁就一定能找到精其术者）那么，请皇上下旨给倭仁，让他给我弄那么几位精其术者来，我们另外择地看日子选馆址，来接待他送来的算学人才。"

奕䜣还装作郑重其事的样子，极力声称："只要倭仁将人才找到，同文馆、算学馆一切设施，立即全部撤除。"

这一着棋，把倭仁将了一军。

奕䜣在奏折里说，曾国藩、李鸿章、左宗棠反复建议加紧兴办军事工业，兴办科技学校，以图达到自强目的。这几位督抚不是那种浮词夸耀之人，而是办实事的人。

办军事工业就需要科技人才（算学之人），这样的人才是军事工业非常急需的，眼下，即便是花高薪都买不到。倭仁有办法找到这样的人才，实在是天大的好事，赶紧送过来。

慈禧非常机警，看这架势不对，立即出来干预，不再让倭仁这样胡闹下去。

这篇奏章送上去当天，内阁就接到皇帝上谕，"准奕䜣所奏"，并且命令大学士倭仁照本行事（举荐科技人才）。

倭仁接到上喻，面对奏章批语，张口结舌说不出话来。

倭仁把自己关在家里整整想了三天，在第三天，他上了一个四百字的简短奏折，申请前奏撤销。

呈上这封奏折之后，倭仁托病告假。"决不能出门，千万不能让同行们看到自己被对手彻底打败而且缴械投降的凄惨样子。"

倭仁那封奏折递上去，上面批复当天就下来。批语最后几行字，叫倭仁看得哭笑不得。"今据该大学士奏称：意中并无其人，不敢妄保。现在既无可保之人，仍着随时留心，一俟咨访有人，即行保奏，设馆教习。"

第二局，奕䜣险胜。

表面上看，倭仁这次被打败，面子丢光，实际上，真正的失败者是同文馆。随后同文馆立即举行开科考试，报名的人，莫要说翰林、进士，就连一个举人都没有。有七十名满汉考生参加入学考试，多数人是老年失业者，勉强取其中二十名，而到最后毕业时，硕果仅存五名。

可悲，可叹。

十一、政权结构变迁路线图

自强是一场决定清朝命运的运动，与这一运动成败生死攸关的人物恭亲王，一直推动着这一运动，走到 1884 年。

其间有一段非常短暂的时间，他被夺去全部职务。

这段时间实在太短（十天），在洋务运动中，从时间上可以忽略不计，然而，这十天时间里所发生的震动，就像一场大地震一样，对自强运动来说，影响深刻，甚至是致命的。

这事要从总理衙门变身谈起。

总理衙门在设立时，是作为一个独立中央部门开展工作的，其业务范围仅仅负责有关通商事务谈判，相当于我们今天的外交部。

到后来，这个部门完全发生变化，它变成整个"洋务工作"的协调机构。

总理衙门工作内容、工作方式

开始时，总理衙门主持外交谈判，管理海关税收，处理在华外国人（主要是外国商人、传教士）的有关琐碎事务。

接着办理国内涉及西方的新事物，如管理外国语学堂、新式军队训练、新式兵工厂，主办造船厂、开矿、商船和海军。

总理衙门是政府机构，不是企事业单位，工作范畴是直接制订这些计划，然后上报到朝廷，并做推动工作，比如，在会议讨论中作为提案提出来，取得其他关联部门主要决策人物同意，得到皇帝批复。

这些工作，实在是太重要，决定着自强运动的成功与失败。

奇怪的军机处

总理衙门从它诞生那一天起（1861 年），在它存续的二十三年时间中，它又与清朝另一个最高权力机构军机处非常紧密地捆绑在一起。

在清朝之前的历朝历代中，没有军机处这种机构设置，唯独在清朝出现。它是一种什么机构，力量有多大？

它像不像明朝或唐朝内阁，或者像英国、美国议院？

军机处，初期也就几间木板房，在清代这也只是一个官署名称，连衙门都称不上，也就是一个办事机构而已，因而也称军机房。

可别小看这几间不起眼的木板房，它又确确实实是清朝中后期的中枢权力机关。

雍正七年（1729年），大军出征西北，因为担心泄露军事机密，在隆宗门内设置军机房，挑选那些原本在太和门外办事谨密的内阁人员，入值缮写，以便处理紧急军务。由于它处理的是从遥远西北飞马而来的军事，因此办事效率极高。报上来文件，不会在大臣们中间转来转去耽误时日，而是能够迅速直达皇帝。渐渐地，它发展成为辅佐皇帝处理机要政务的办事处。雍正十年（1732年），这几间不起眼的值班房，改名为"办理军机处"。

乾隆以后省去"办理"二字，称"军机处"。别小看去掉这两个字，这说明，它现在不只是办事机构，而是华丽地转身为决策机关，这名号听起来也越来越威风。

军机处原本是为办理军机事务，但奇就奇在即便朝廷不再对远方用兵，皇帝却紧抓不放，使它成为常设机构，而且其职权愈扩愈大，实在是内藏玄机。

军机处职官有军机大臣，俗称"大军机"，有军机章京（秘书），俗称"小军机"。军机大臣由皇帝从满、汉大学士、尚书、侍郎等官员内特选（不是级别高就能进去），有些也由军机章京升任。

军机大臣人数没有定额。军机处初设时为三人，以后增加到五人、九人，最多时十一人。

军机章京开始时也没有定额，到嘉庆初年（1796年），定为满、汉章京各十六人，共三十二人。满、汉章京又各分两班值班，每班八人。

军机处成立后，议政王大臣会议于乾隆五十六年（1791年）废止，内阁变成只是办理例行事务的机构，一切机密大政均归于军机处办理。

军机处总揽军、政大权，真正成为最高国家决策机关。军机大臣无日不被召见，无日不承命办事，出没于宫廷之间。皇帝行动所到地方，军机大臣也无不随从在侧。

军机处在权力上是最高国家机关，而在形式上始终处于临时机构地位，不像正式国家机关的样子。

军机处办公的地方不称衙署，仅称"值房"。军机大臣值房称为"军机堂"，初仅板屋数间，后来才改建瓦屋。军机章京值房，最初仅屋一间半，后来才有屋五间。军机处也无专官，军机大臣、军机章京都是以原官兼职，皇帝可以随时令其离开军机处，回本衙门做事。军机大臣既无品级，也无俸禄。军机大臣任命，没有制度方面规定可供遵循，完全出于皇帝自由意志。军机大臣职务也没有制度上的规定，一切都是皇帝临时交办。

军机处与总理衙门纠葛

总理衙门设立之后，在这里任职总署大臣的人数在不断地变化，这种变化只朝着一个方向前进——正方向，1861 年为七人，1876 年为十二人，接近两倍。这种变化说明，它管事越来越多，力量越来越大，由一个"部"向"委员会"规模挺进。

如果只看到这一点，还不算什么，另一组数字，更让人感到它力量之强悍。

从 1861 年到 1868 年，五名军机大臣中有三人兼领总署大臣（总理衙门领导），占 3/5；从 1869 年到 1875 年，占 4/5；1876 年到 1881 年，全部兼领，达 100%。从 1882 年到时局大变的 1884 年，仍有四人兼领总署大臣。

办理洋务，或者说洋务运动，或者说自强新政，在当时占有多么重要的战略性地位。

军机处是皇帝处理重大政策、关键性人事的主要机构，这个时期，清廷制定重大国策、重要施政纲领过程中，总理衙门就处于战略性地位。

喜怒掌控法

一个小小的总理衙门，如此重权在握，慈禧就不怕阴沟里翻船？

答案是怕，而且非常惧怕。

对于总理衙门，慈禧有她特殊的掌控办法，可以叫它"喜怒掌控法"。

慈禧在运用喜怒掌控法时，总是手握秤杆，然后再根据自己的喜怒来挪动秤砣。

你这个部门权力再大，所有重要提议必须由皇帝亲自批准，这就是她手中的秤杆子。

慈禧是一个喜怒无常的人，她要将秤砣往正方向或负方向移动，恭亲王和文祥，事前都无法预测，无法预知。

慈禧知道，她手中这个秤砣，必须不停地加注分量。从19世纪60年代中期开始，慈禧喜欢做一项工作，便是从朝廷高级官员和皇族中提拔能够与恭亲王闹对立的派别，来削弱恭亲王的权力。

负方向上挪秤砣

四月初那道朱谕（为争论修圆明园一事引发，前文有部分叙述），是慈禧亲笔用汉文草拟，交大学士润饰，然后颁发。她列举的罪责（目无君上，挟制圣意，暗使离间），让秤杆高高地翘起来。

整整十天过去。这十天里，宗室、大臣都来为恭亲王求情、辩护，她狂怒地发泄一通，到第十天，她开始变得冷静下来。

在打掉恭亲王威风之后，在恭亲王还来不及思考对策时，慈禧决定将秤砣挪一下，恢复他在军机处和总理衙门的职务，但是，"议政王"头衔要给他永远地摘去，让他长长记性。

这一次打击十分沉重，恭亲王的声望和权势从此跌落神坛，再也没有能够完全恢复。

充实秤砣分量

就在这次暴风雨过程中，朝廷命官们看出道道来。

以前，大家个个都认为，慈禧与恭亲王之间是一个鼻孔出气。现在，大臣发现，这两个人居然不在一条道上，而且，攻击恭亲王得力的话，会得到奖赏。

言官们这个看法，一次又一次被慈禧的做法证实。

为防止恭亲王反扑，慈禧着手组建自己的盟军，以加实秤砣。

以前，那些以学识高深而驰名的官员都不入她法眼，一直把他们摆放在那里，从来就不会去考虑他们。现在，她发现，这些官员有再利用的价值，于是，着手提拔他们，用他们的能力抵消恭亲王无视祖训倾向。

李鸿藻带队清流派，倭仁带队顽固派，纷纷出动。

在 1865 年以后新宫廷联盟中，慈禧妹夫，即恭亲王的弟弟醇亲王，在慈禧的撺掇下，也站到反对哥哥恭亲王的一方。

在对待西方态度上，这位弟弟，跟他哥哥完全相反，他从情绪上就敌视西方。

1871 年 3 月，他呈一封密折给慈禧，指责哥哥恭亲王和另一总署大臣董恂"一味媚夷"。对于总署大臣又可以任军机大臣的做法，醇亲王更是极为不满。

慈禧看过之后，认为她这个妹夫真算得上一个无头脑的鲁莽汉子。这封密奏，那是万万不可公开，否则，总理衙门和军机处人知道，那就要炸窝。

过了一段时间过后，她接受妹夫的这个观点。从那以后，她暗下手脚，一旦涉及外交和防务方面事项，都在醇亲王参加宫廷会议上商讨。总理衙门决策权就这样一步步被削弱。

慈禧的打击也的确使恭亲王有所收敛，但他仍然是一个自负的人，不那么掩饰自己的不满，甚至某些地方继续冒犯这位掌权的皇太后。

通商大臣的权力

自强新政过程中，重大项目策划、组织、实施，握在两个大臣手上，从职务上，他们分别叫南洋通商大臣、北洋通商大臣。

1860 年，南洋通商大臣由江苏巡抚薛焕兼任，1863 年初到 1866 年，李鸿章任江苏巡抚兼南洋通商大臣。1866 年底曾国藩到南京任职时，任南洋通商大臣。此后，该职始终由两江总督兼领。

北洋通商大臣先是由恭亲王帮手崇厚担任，驻地在天津，处理天津、牛庄、芝罘的涉外事务。与南洋通商大臣相比，崇厚身上少一样东西——钦差大臣身份，因此，他处理重大问题，总是来个三方会审（同直隶总督、山东巡抚、奉天府府尹共同商讨），最后他才拿个主意，然后大家一起行动。他创立三方联动机制，使得他做起事来胆子渐渐壮大。

1870 年李鸿章任直隶总督，北洋通商大臣职务兼头衔落到他头上。在处理对外贸易和畿辅海防等事务时，他有钦差大臣身份。李鸿章大部分时间住在天津，只有冬季住在直隶首府保定。

通商大臣负责处理各通商口岸与西方交往时发生的一切事务。

1862 年一道谕旨，就给予他们一道很强大的权力——监督权力，监督其辖区内各分巡道员。

不要小看这一权力，因为他的监督对象是道台（相当于现在的地级市市长）。比如说，福州道台和宁波道台就要向南洋通商大臣禀报"洋务"。

他们手中的权限随着时间推移还在扩大，渐渐包括督办所有利用西方知识和人才的新兴事业，这两人能跨过省长、市长直接监管新兴工程项目。

办理军事工业

19 世纪 60 年代初，无论薛焕还是继任者李鸿章，都无一例外地把自己的职权扩大到监督并执行军事训练计划上，因为这里雇用了一些人——外国教官。从这里切入，这些通商口岸城市军权又落入他们手中。

办机器局、建兵工厂，是通商大臣最感兴趣的工作，这里面的水实在是深。这年头，做任何事，都要一样东西——钱，钱从哪里来，当然可以从局里、厂里来。手下有更多局、更多厂，就意味着真正的实力。比起局、厂来，一些官位、职称，差不多都是虚的，只有实业才是最可靠的。

1865 年李鸿章创办江南制造总局。……

1867 年崇厚创办天津机器局。

1866 年末，曾国藩转到南京任两江总督兼通商大臣后，他就兴冲冲地督管李鸿章创办的各个兵工厂和外语学堂。

1870 年曾国藩得到皇帝批准，设立江南轮船操练局。为扩充实力，把上海江南制造总局建造的多艘军舰调给它，把福州船政局制造的几艘军舰也调给它。实力就是这样用搭台方式搭起来的。此时南洋通商大臣实力强劲，赫然成为大部分自强计划的实际协调者。

1866年底，闽浙总督左宗棠调任西北，福州船政局就由他保举沈葆桢经办。沈葆桢钦命为福州船政大臣。

李鸿跷跷板玩法

自1870年担当北洋通商大臣，李鸿章渐渐成为自强新政旗手。

李鸿章是个强力人物，他的强力，很重要的一个方面，来自成功取得老师曾国藩的合作。

湘系与淮系之间，曾经有过节，李鸿章想出一些办法，来缓解与曾国藩之间的矛盾。比如说，就江南制造总局发展的各项新计划，李鸿章提出建议，曾国藩接受这些建议，而且表现得很高兴。再比如，在选派青年学生赴美受训这件事情上，李鸿章得到曾国藩支持，两人联名上奏，得到皇帝批准，这让他们俩都产生一种成就感，而这种成就感，就来自两人合作。

北洋通商大臣有保卫畿辅重地的职责。李鸿章利用这样的职责，直接联系上海道台，把手伸到上海。他一手握着从北京来的权力，一手握着从上海来的财力。

江南制造总局是李鸿章在1865年奏请皇帝批准而创办，对这个兵工厂事务，他有着大股东一样的发言权，虽然最后决定权属于南洋通商大臣。对于这个权力，他紧抓不放，有股就是要生息，无论钱，还是兵工实力，他都要。

就这样，李鸿章把根子深深地扎在大上海。

1872年3月，曾国藩彻底不再在这个世界里搅和。其后不论是谁，只要被任命为两江总督、南洋通商大臣，李鸿章都设法与他合作。

在两江总督衙门里，掌管一样东西：漕粮（发往京城的粮食），别忘了李鸿章有个局子——轮船招商局（1873年初期成立），它的成长，依赖着它所享有的漕粮北运特权。

三人合作新局面

1872年1月，新一年刚刚开始，福州船政局以及江南制造总局造船计划，连连遭到朝廷大臣们的猛烈攻击。

李鸿章、曾国藩考虑再三，决定站出来，为造船计划辩护。

福州船政局沈葆桢的日子很不好过，闽浙总督和福建巡抚都不愿意拨点资金给他。

李鸿章与沈葆桢联手，向军机大臣们强烈呼吁，对福州船政局给予财力支持。

1874年，日本强大起来，把眼光瞄向台湾。这里资源丰富，清朝海防力量薄弱。日本军队迅速踏上台湾领土。

台湾驻军、台湾民众奋力反抗。

台湾危机发生，阴差阳错地为自强运动谋得一线生机。

李鸿章、沈葆桢两人，口袋里早就准备了一大堆自强计划，要在平日里，这些计划报上去就等于石沉大海，没准还会招来那帮子顽固守旧大臣们一顿攻讦。

这一次，两人立即抓住日军攻占台湾之事，联名上疏，为自强运动提出一个庞大计划。包括新海军规划，用洋机器采矿，以及改革现行人事制度。

特别是在人事制度改革方面，李鸿章、沈葆桢都寄予厚望。沈葆桢提出在考试中增设算学新科，李鸿章建议在沿海和长江各省会设立讲授西学学堂，毕业生授予文职官衔。

这项提议被上面枪毙，但新海军规划得到批准，两项采矿工程也得到慈禧授权。

在李鸿章的保举下，沈葆桢1875年5月被任命为两江总督、南洋通商大臣。

就在这时，他和沈葆桢又分别被特加为北洋和南洋防务大臣。

1876年9月，李鸿章保举丁日昌，被任命为福州船政局督办船政大臣。紧接着，丁日昌又被任命为福建巡抚，并负责改进台湾防务工作。

在自强活动中，形成李、沈、丁三人合作新局面。

正是在这三人的通力合作下，海军计划、派遣学员到欧洲计划，也一一实行起来。

高层结网策略

作为通商大臣，李鸿章和沈葆桢都握有相当大的权力，而且也发挥团队合作精神，然而，一切工作，都还依靠来自北京的支持。对自强运动来说，总理衙门那里，才真正握有生杀大权。

对于李鸿章和沈葆桢的某些建议，总理衙门给予热心支持，而对于他们的另一些建议，要么不关心，要么干脆回复"办不到"。这些不关心或办不到的问题，让李鸿章伤透脑筋。

1872 年，李鸿章提出停建所有军用驳船，把传统水师经费专项拨给火轮军舰建造，"火轮军舰那都是速度取胜法宝"。

这一涉及钱的提案没有得到总理衙门支持。火轮军舰没有造，那种军用驳船却在一艘一艘地造出来。李鸿章看着心血钱都花在那些战斗力大打折扣的玩意上，精神有些崩溃。

1875 年 5 月，朝廷讨论沿海防务，李鸿章提出，要建设铁路、电报，在各省会设立讲授西学学堂。

今天我们看来，这种做法，无论对军备，还是对经济发展，都有着重要意义。对李鸿章这一套想法，文祥表示自己支持。

然而，两名顽固派汉族官员，对李鸿章的建议展开猛烈攻击，致使提议案讨论半途而止。

这一年冬天，李鸿章来到北京，专门跑去拜访恭亲王，为建造从江苏到北京的铁路走走后门，主要是保障重要物资运输。这一次，李鸿章还亲自送来许多土特产做礼物。

听完李鸿章一番恳求，恭亲王点头称是，觉得这条铁路很有修建的必要。

然而，恭亲王告诉他，这个工程项目提案，他自己也无权答复，只有请示两宫太后，太后做出最后裁定，才能算数。

李鸿章清楚，在朝廷里，顽固派实力有多大。显然，他们已经形成一股恭亲王都不得不加以认真考虑的力量。不然的话，这么能赚钱的事，这么于国计民生、于军队发展有利的事，恭亲王还会心有余悸吗？

这件事没有办成功。但是，有失必有得，李鸿章得到一个认知：在朝廷里，形成一股对自己有利的势力，那是多么重要。于是，李鸿章开始着手一项重要工作：实力联合。在他的走动下，进一步密切与恭亲王、文祥的工作关系，进一步增进与沈桂芬和宝鋆两位军机大臣的友谊。

正当这项关系网工作做得有声有色时，李鸿章发现，关系网上有一个差不多可以致命的漏洞。

这时，正在推动兴建海军和发展工业计划。李鸿章发现，要让这两个计划得到具体实施，有一个人必须去联合——醇亲王，只有跟他搞好关系，才能赢得慈禧本人欢心。而这个醇亲王跟恭亲王完全不同，他对西方的一切都抱着敌视的态度。

不过，只要是人，对一样东西，他是不会敌视。而对这一点，李鸿章抱有信心。现在跟以前不一样，他手中，除了计划，还有白花花的银子，能百分之百拒绝这东西的人，世上没有几个，除非是明代于谦和海瑞，于谦品格高尚，不会受贿，而海瑞那人是一根死脑筋，不是黑就是白，认不得半个钱字。显然，醇亲王不是于谦，更不是海瑞，虽然他家王府里不缺钱，但是，多弄点钱总不会是坏事。要搭上醇亲王这根线，既然人家不喜欢红线，那就用一根金黄色线来牵吧。

成功总是向着有准备的人。醇亲王不会就属于油盐不进那一族吧。当李鸿章手上有资源时，他要在醇亲王大门里找缝隙，他自信，只要有机会，总是有可能找到。他不相信醇亲王就是无缝的蛋。

兄弟们给我上

李鸿章虽然是钦差大臣，但对其他督抚并没有管辖的权力，影响力也非常有限。

当丁日昌（非常亲密同盟者）受到朝廷里一群言官猛烈攻击时，李鸿章爱莫能助。兄弟，没办法，这样一个人人吐口水的季节里，我即使有两只红手，也不能伸出去拉兄弟一把。1878 年，丁日昌在大臣们口水声中，辞去巡抚职务，黯然退场。

李鸿章继续在险恶的环境里坚持。他唯一能做的工作，就是着力举荐淮军将领，一步步扩大自己的势力。在他的举荐下，三名淮军将领走上相当于省长的领导岗位。1872—1874 年张树声任江苏巡抚，1874—1878 年刘秉璋任江西巡抚，1876—1877 年潘鼎新任云南巡抚。

要让自强新政落到实处，不是说有人就能办事。这帮跟自己出生入死在尖刀上滚的兄弟，当他们担当巡抚职务后，搞经济建设的话，用军队里那一套能否行得通呢？

李鸿章开始动起手来，像以前给自己的老师曾国藩写信一样，不停地给已落实实缺的淮军兄弟们写信。说来说去，一个主旨：号召大家都来建造兵工厂和用洋机器采矿。只有拥有更多钢铁，拥有更多武器，才有真正的实力，无论在老外面前，还是在皇帝那里，说话才有分量。

大家都是从战场上混出来的，谈到建兵工厂，大家全身是劲，纷纷回信，要求李鸿章给自己提供技术、人才、资源方面的资助。连李鸿章自己都没有想到，有这么多人响应他的号召，向他伸手求助。不过，不管如何，说明大家至少在这个方面开始有想法。至于采矿提议，特别是开办讲授西学学堂，就没有几个兄弟来响应他，有的省份甚至看不到一丁点行动。

十二、自强新规划艰难行程

气候条件分析

前面我们提到过科举考试制度修改案，这是一项差不多不触动任何一方利益的建议，然而，在意识差异巨浪派声讨与慈禧太后政权平衡需要中，连"加以考虑"这样的机会，都没有捞到。

不过，无论从政治上说，还是从新思想上看，一些规划得到推行，引进有关军事装备技术，一同带来的还包括传播西洋科学，一些经济设施现代化项目正在引进中。

这些早期企业实在太少太少，可怜得很。

尽管如此，直到19世纪70年代晚期，仍然是一个充满希望的时期。

大家不要忽略两个条件——国际环境、国内环境。

国外对清朝的压力不是那么严重。日本还在兴起之中；俄罗斯也忙着抢修自己的机械设备，军队还要训练，枪械还没有准备好；英法在《北京条约》中捞到不少赠款，这会儿就如猎到一头大水牛，消化起来，还需要一段时间。美国还有国内事情没有处理好（美国南北战争），战后善后工作还要做，要腾出手到清朝来，那都不是一下子的事。

国内小气候环境也不错。太平天国、捻军的明火算是熄灭，政治斗争也不那么复杂，该登台亮相的，都一一出场，各忙各的活儿去。

希望是有，现在就看大家如何奋斗。

新式企业管理与经营模式

江南制造局和福州船政局，正在努力造人才，在这方面大量投下资金，倾注大量精力，其中重要的一项，是向国外派遣留学生。

轮船招商局、开平矿务局，在两大领域（航运、煤炭）与西方在华企业展开一场竞赛。

新开启项目，组织不力，普遍经营困难。

新式企业经营管理方式，套用旧式政府机关管理模式。

这些特设"新政府机关"，与一般政府机构比较起来，还是有些差别，要灵活一些。不见得每一件事都要升堂审案，很多情况是领导批个字。三堂会审情况也是有，咱们有个熟悉得不能再熟悉的名字，叫"开会"。总体来说，这些新机构里，仍旧没有摆脱清朝官僚主义习俗。

新瓶装旧酒

京师同文馆，当时最高的洋务类学府，由总理衙门直接管辖。几经周折，教学指导工作交到一个美国学者丁韪良（真实身份是传教士）手上，带上一些洋味，实际上，在这学堂里，满眼都是满洲旗人的做法，小学府是大衙门的缩微版。

机器局、船政局、招商局、矿务局，都要清朝皇帝授权。

皇帝授权后通商大臣（或总督）就开始选人。人员选定之后，再签上一个上岗证（札委），这个人便有了头衔（总办、会办或委员）。

现代技术和业务方式迫使旧官员不得不接受一些新办事准则。

资金缺乏与人才结构性缺失

这些局里需要机器，清朝不能造，清朝铁匠们打不出来，那就要花大价钱到国外去买。昂贵进口机器使得局里财政成为明显问题。

这些投资，钱由谁来出？没有银行贷款，没有股东来投资，只好从国库税收中挤牙膏似的挤出一部分钱来。

海关关税实在太宝贵，只有朝廷里的达官显贵才能保证得到定期拨款来投向新办"局"里。

从投资环境来看，说他们是烧钱，也不为过。

办兵器工厂，急切地需要廉价煤炭，需要运输煤炭道路。需要金属冶炼工业，需要交通机械运输大量矿石（配套产业链）。

路是有，只有手推车，煤炭是有，埋在某个深山底下，大量的煤炭，要到英国、法国去进口。

没有工程师、机械师。船买过来了，却发现一个大问题，在清朝，找不到能胜任的船长。

清朝有铁匠，不能制造现代工业需要的机器；清朝人多，没有熟练开矿或炼矿的工人。

知识分子，读儒家书，几乎没有人读过科技书。

用今天的话讲，无论资金、人才、资源、技术，都存在结构性缺失。

面对如此恶劣的条件，洋务派有一样东西非常令人震撼——坚定的意志。

李鸿章也好，左宗棠也好，都有着坚定的意志，要把深埋在地底下、深埋在民间的珍贵宝藏挖出来，用于洋务事业。这些工作，在当时的人来看，是十分新奇而且"烧钱"的事业。

在通商口岸，那里有洋人，有些清朝人，受过西洋教育。洋务派相信，有这些人帮助，能够推着自强事业向前进。

这些滚一身皮兴办起来的事业，能否继续发展？能否进一步做大做强？在新兴事业成功的鼓动之下，是否会引起社会制度改变，能否引起经济运行环境改变？

真正是一场大变局，许多不确定因素，有的成为这场变局的推动者，有的成为这场变局的阻碍者。

工作母机采购

清朝人模仿西洋技术搞精密机械，开始于 1862 年。地点是安庆军械所。

曾国藩从太平军手里拿下安庆之后，在这个扼控长江航运战略要地，迅速建立起生产现代兵器的工厂。

军械所主持人，徐寿和华蘅芳，当时清朝数学家，掌握数学和自然科学知识、设计、生产技术。

军械所里制造土炮、榴霰弹、雷管、旧式火器（如火绳枪，在鸦片战争期间就已经开始在土作坊里生产）。徐寿在这里制造了汽轮船，使用小型蒸汽机。

军械所里需要复杂的生产设备（车床、镗床、刨床、铣床、冲床等），清朝市场上买不到，它们是从哪里弄过来的呢？

有个人，在上文里我们提到过，广东中山人容闳。他本来在上海洋行里做采购，给洋老板采购生丝、茶叶。

他结识军械所里工作的一位工程师，这位工程师把他引荐给曾总督。在他拜会曾总督时，这位生意人兼学者，相当精明地提出自己的主张：清朝所需要的，是一种机器，一种能够用它来生产军械、轮船的设备，叫工作母机。

他的这番主张，得到曾总督认可，也让他拿到一个采购项目。曾国藩决定委派他去美国选购工作母机。

各显其能地设局

在上海，李鸿章建立两座小型兵工厂，其中一座由丁日昌负责。

之所以用丁日昌，是因为在广东时，丁日昌曾经督造军火，有企业管理的经验。

另一座由英国军医马格里在松江建立。苏州收复之后，迁入苏州，并从李泰国－阿思本舰队折到一些用于船舶修造的机器设备。

1865 年，李鸿章采纳丁日昌（已升至上海道台）的建议，在上海虹口洋人居住区，购买一家美国商号——旗记铁厂。在这个基础上，经过皇上批准，建立江南机器制造总局。

后来，容闳在美国购买机器运到上海，其中一部分充实这个局的设备。

打下太平天国都城天京之后，马格里管理的那家工厂，从苏州迁到南京，重新命名为金陵制造局。

这种一边设局一边引进机器的工作还在继续。

1866 年，皇帝批准左宗棠奏折，通过和法国人签订合同，在福州建立一座大型造船厂。

1867 年，在恭亲王的赞助下，崇厚求得李鸿章帮助，在天津建立一座兵工厂。

真是蛇有蛇路，鳖有鳖道。

技术——洋人负责制

大家设局或办厂的目的都一样，立即开动那些进口机器来生产枪炮船舰，用来打击太平军和捻军，在战斗中发挥作用。

江南制造局和福州船政局眼光要远一些，从一开始，这两大中心就强调培训清朝技术人员。

通过从国外买机器，通过雇用外国雇员，无论兵工厂，还是造船厂，早期业务总算是经营了起来。这块古老土地上响起了机器轰鸣声，虽然一开始生产的产品是用于杀人的武器。

与其他局比较起来，上海江南制造局在规模上就大得多。在它创建的第一年里，用于采购设备的经费就有二十五万两左右。经费主要来源于上海关税。

在那些经过七挑八选弄过来担任会办的人员当中，李鸿章弄到手的人选，也是最适合的。

上海道台是江南制造局总办，1865年是丁日昌，1866—1868年是应宝时。其余负有特别责任的有两个人，一是沈保靖（他一直为淮军采办军火），一是冯焌光（一位通晓"西学"的举人）。

技术工作，开不得半点玩笑，负责的全部是洋人。旗记厂原总工程师料而是，担任督造人（开始叫"匠目"，后来换一个权威名称叫"监工"）。他是一个美国人，曾受雇于纽约奇异工厂。

旗记原来八名洋匠，全部留用，并且增雇其他洋人员工。

我的枪支我的痛

江南制造局起初计划制造高科技含量的来复枪，但是，很遗憾，大家虽然努力，也用起洋设备、洋技术，却没有成功。

从上到下总结教训，使用上一部分自己制造的机器设备，此后不久，成果出来，能够生产毛瑟枪、小型开花炮。

到1867年秋天，兵工厂每天生产毛瑟枪达到十五支，十二磅开花弹一百发，开花炮十八门（用以发射十二磅开花炮弹）。在对捻军的战斗中，这些武器弹药立刻派上用场，事实一次又一次地证明，这些武器弹药实在是太有价值了。

李鸿章一再声称，"我们之所以能打败捻军，江南制造局功不可没。"

从一开始，李鸿章就计划生产优质来复枪。1871年，新增聘的洋员工，新添置的洋机器陆续到位，开始制造林明敦式后膛来复枪。1873年年底，生产这种步枪达到四千二百支。

从数量上看，成果还不错。但是，它们造价大大高于进口林明敦枪，枪的质量大大低于进口货。

这种枪质量低劣，连自家淮军兄弟都拒绝使用，因为，它不打敌人，专打自己人（炸膛）。有时，就是十发十不中的。人家拿刀子来砍你，你拿枪对着人家脑袋，还是打偏。

一边是仓库里枪堆放得整整齐齐，一边是李鸿章不得不再花银子去国外进口枪支等武器。

李鸿章变成"李坚强"，没有时间抹眼泪，也没有去召回来福枪，而是决定在下一个项目中接受教训。

有失败更有成功

1871 年改组天津机器局时，李鸿章决定集中力量制造林明敦枪所用的子弹和克虏伯炮的炮弹。这一次，天津机器局生产出了合格、低价的子弹和炮弹。

1871 年、1872 年两年当中，天津机器局花在建厂和生产上的费用达到二十五万六千两白银，创下纪录。

到 1874 年，它能够批量生产大量子弹、炮弹，每天生产火药达到一吨。

到这时，李鸿章觉得厂子里技术力量充足，条件成熟，才决定购置制造林明敦枪的机器，在天津生产这种枪支。

1875 年，马格里在南京制造出三门能发射六十八磅炮弹的大炮，这实在是个大家伙，够分量，然而，在大沽试验时，发生爆炸，试射手也因此身亡。

我们造出来的这些枪械、大炮还能用吗？到这个时候，李鸿章对于"清朝制造"的质量，对于"清朝制造"的能力实在没有几分把握。

"富二代"型清朝船舰

在策划造船时，李鸿章接受造枪支的教训，决定从小型炮舰开始。1866 年 7 月，下令江南制造局设计并建造海港巡逻用小型炮舰。

第二年，丁日昌提出建议，左说右说，一句话，要造大战船才能形成战斗力。曾国藩也作出指示：制造局应该造大船，不要花钱弄那些不中看也不中用的小玩意。

决策层出现两种不同的声音。

当时，在通商口岸，洋匠似乎更精于造船。丁日昌和曾国藩这两人都有一个感觉：对于清朝这样一个海岸线如此长的国家来说，海洋防务至关重要。

造船，特别是造大船，需要的经费可不是一点点。制造局经费一直是从淮军军费中提取，它主要来源是厘金，也有一部分来自海关关税。

1867 年 5 月，曾国藩接手打理江南制造局时，获得最高层批准，从上海海关关税收入中拨留一成给江南制造局；两年之后这笔拨款增加到二成，每年总额在四十五万两白银以上。

钱有了，下一步就是选址。1867 年下半年，兵工厂迁移到上海市南郊，在那里选定一块十英亩的土地，用于建造一个干船坞，添置新造船用机器；还增聘七名洋工匠。

钱有、地有，人也齐，大家开始干活。

1868 年 8 月，第一艘"清朝制造"轮船下水，这是一艘六百吨位的大轮船，曾国藩给它取了一个古利的名字——"恬吉"。

轮机（核心设备）是外国造，但是汽炉和船壳（木制）都是自己造出来的。随后五年当中，江南制造局制造了三艘双螺旋桨小型铁甲舰，五艘螺旋桨木船（从六百吨位到二千八百吨位）。单单从数量上看，江南制造局从无到有地这么大造特造，可以为它骄傲一下。

除去两艘轮船之外，所有汽炉和轮机都是厂内自造。不要小看这一点，这头任是一个不可忽视的成就。特别是那个轮机，核心部件，不是说造就能造得出来的。

这些在清朝出生的轮船，全部都有一个很不幸的特征——行驶迟缓。对于作战战舰来说，没有比这更让人不可忍受的。当你处于优势时，你追不上对手；当你处于劣势时，你跑不过敌人，只能眼睁睁地看着自己被对方追上，然后打沉下去。

毛病还不止这些。对于一些通商口岸来说，它吃水太深，靠不上码头，给养补给、轮船保养维护都成问题。它们消耗燃煤还特别多，就像一个不争气的"富二代"一样，特别能吃能喝能花，就是不能赚钱。

说到造船费用，那实在是高昂，在清朝造一艘船花去的钱，在英国能买类似的两艘船。

是两艘，你没有看错。相当于今天花 1000 万元买一艘人家价值 500 万元的船，而且速度还不行。

到底是什么原因？从上到下都很忙，大家没有时间去把教训或者问题总结出来，只是采取一揽子措施来解决这些问题。

1875 年，江南制造总局做出决定，中止造船计划。

这就叫怕了狐狸不养鸡。

启动一项事业，倒也不是什么太难的事，有梦想，有资金，有人才，有市场，差不多可以下手，而要维持一项事业，看来就不是那么容易了。

虽然局领导没有时间去寻找原因，总结教训，历史学者们倒是用隔山打牛的方式，总结出来两条。第一条，材料靠进口，那当然贵；第二条，洋员工薪水加上清朝官员薪水，太高，当然费钱。还有历史学者说，许多人通过权势在薪水簿上挂个名字就可以吃空饷。

为什么费用如此高昂？曾国藩也吃惊，1872 年，在临死之前，曾国藩还在忙于为采购管理工作制定制度。他规定，兵工厂每一项采办，都要经由总办、采买、会计三方主管共同批准。

他汇集心力制定这个措施，能解决掉这些企业弊端吗？

福州船政局磨难

在福州，左宗棠提出，"在五年时间里，制造出十六艘轮船，培养一批训练有素的清朝造船工匠和航海人员。"

这一计划有震撼力，也相当吸引眼球，他紧接着向皇帝提出，"五年里拨给三百万经费，平均一年 60 万。"

皇帝咬咬牙，在 1866 年 7 月批准这一计划。

要把清朝海洋控制住，看来，连皇帝都认为，没有个几十艘军舰，是不行的，看看人家英国，那么个小不点东西，从欧洲开到大清来，一来就是几百艘军舰，咱就是不吃不喝也要弄它个几十艘啊。

左宗棠得到皇上下的超级订单，甩开膀子就干起来。请来两个法国人日意格、德克碑来负责这个庞大项目，为稳妥起见，他与这两个人签订一份合约，又请来法国领事，要他也在这个合约里一起署名，充当履行合约的保证人。

就在左宗棠干得红光满面，且十分得意时，突然，某一天，接到一纸调令，皇帝要调他去遥远的西北剿匪。

西北与东南，相距遥远。动身赴西北之前，左宗棠思来想去，终于想到一个合适的人选。

福州老家，前江西巡抚沈葆桢正在家里度丧假（丁忧），在这节骨眼上，把他拖出来，向皇帝推荐。沈葆桢被任命为钦差大臣，担当起造船厂领导的重任。

左宗棠还是放心不下。临走前，特别挑选几位提调，对他们一一作交代。这其中包括代理福建布政使周开锡。这人有过管理厘金和军需的经验，而资金管理、材料采购是非常专业的科目。

左宗棠一走，果然沈葆桢和周开锡就碰到难题。

新任闽浙总督吴棠不看好这个大项目，不愿意每年拨出四十八万两地方财政款项支持他们的工作。

这是一个让沈葆桢纠结的难题。他无法用这一项目的伟大意义来撼动吴棠的思想，又无法从上级那里得到更多支持。只能等待，一直等到吴棠被另一个能合作的官员替换。

无论如何，在闽江边上，叫作罗星塔的地方，船厂工地总算是干起来了。这里无比繁忙，以两千名清朝工匠规模，加上九百名其他工作及管理人员，一座近三千人的工厂在这里兴起。六千双手正在工地上建造地基，他们要安装两千吨法国机器，要安排这三千人吃饭、住房，每天要采办物资，仅仅每天三千人三餐伙食，那都需要在附近建设一个大菜市场来保证供应。

人才需求最为迫切，领有"监督"头衔的日意格对这一点头脑清醒。1867年下半年，他从法国带来四十五人，组成一个洋人技术团队。

一位有经验的工程师达士博也被请到这里，担任"总监工"。

此后三年时间里，完成上、下游产业准备工作，包括兴建铁厂、铜厂，以保证造船所需的材料供应；建起一个设有若干个气锤（功力高达七千千克）的锤铁厂，还建造一个适用于长达四百英尺船舰下水的大滑道。

这些成绩十分显著，足以让那些到过此地之人大开眼界。这可是清朝大地上从来没有过的新兴事物，清政府要建设钢铁船只来捍卫江山。这些军工企业的出现，意义重大，令人兴奋的还在后头。

1869年6月，一艘一千四百五十吨位的庞然大物下水，它是一艘螺旋桨轮机运输舰，起名"万年清"。

此后五年时间里，有十四艘轮船下水。这些都是合同中约定的轮船，仅有一艘没有达到合同规定要求，但是，又有一艘比合同规定马力还要大，算是两抵。

从1871年开始，在福州船政局建造的大部分轮船都安装自己制造的轮机。这是它伟大的成就之一。能自己制造轮机（高技术含量核心部件），就意味着清朝工厂走上了不依靠外国人的自强道路。

与江南制造局相比，除两艘两千八百吨位的轮船（海安号、驭远号）福州没有生产外，它制造了十艘从一千吨到一千四百五十吨位的轮船，比江南制造总局其他轮船都要大。

有些学者说，福州轮船比江南轮船要好，但是，更多学者说，它们一个个都深深地标上"清朝制造"的身份——速度慢、消耗高。

清朝人喜欢横向比较，这样能看到清朝轮船跟外国轮船的显著区别。

在欧洲人眼中，以19世纪70年代的欧洲标准来看，这些船使用木制船壳和单横梁机，单单就这两点，这些在清朝引以为傲的大家伙，在欧洲都是要淘汰的产品。

清朝人为什么要花钱造那些被人家即将淘汰的轮船呢？只能说，欧洲进步得太快，清朝也在努力，也在进步，甚至在穷打猛追。它造出来的轮船，都一一摆在海面上，现在，有必要来翻翻它的资金账。

到1874年7月为止，六年半时间里，福州船政局开支总额为五百三十五万两白银，大大地超过三百万两白银的预算总额。

这些钱是如何花出去的呢？

翻开账本一看，你会大大地吃惊。法国那几十个雇员的薪水，居然是最大的开支项目。在每月五万两至八万两经营费用中，这个不到五十人的洋人团队就占一万二千两。而两千名清朝工匠的工资总数每月才一万两，还比不上这四十多个洋人。清朝管理人员为一百五十名，薪水总共也只有一千二百两。有人说，这个数字没有把那些许可开销和津贴计算在内。我想，再怎么算，也抵不上洋人薪水的五分之一。

在管理下属时，沈葆桢抱怨福州船政局里一批特殊身份的人员：福州达官显贵的亲戚、朋友。作为官场老手，对这帮人，他却表现得束手无策。

船政局采办系统大量侵吞公款现象十分严重。这是曾国藩到死都没有来得及搞定的事。这位沈大人，用起自己的"铁腕"进行了治理，至于其效果，或许只有他本人心中有数，外人是很难知道的。

沈葆桢接任福州船政局局长第一个年头，就经常发现采购来的木材、煤炭和金属材料居然不能使用。沈大人没有去花力气培训这些人员的采购能力，而是举起自己的铁拳头，用严厉方式，惩办了一大批公务人员，并且用更可靠的人做替换。他这样做，为自己博取了廉洁奉公的楷模形象，博得严惩贪污的良好声誉。

沈大人这样做，或许能保证采购人员不敢贪污，但是，他们的采购能力呢？

看来，沈大人是有自己的解决方案的。在采办这类专业性非常强的事务上，他最终还是不得不依靠像叶文澜那样的帮办。

当年左宗棠购买军火时，就通过叶文澜帮办。只能说，唯有他们这些帮办，在通商口岸才有办事经验。

叶文澜手下有二十人组成的采购团队，从台湾、香港和东南亚采购物资。在仰光，他有一名代理人常驻在那里，从那里往国内定期海运柚木。

虽然清朝员工工资与洋员工工资相差那么大，沈葆桢却成功地使清朝职员和日意格以及他手下的洋员工进行合作，从而使得造船计划在合同约定期限内得以比较顺利地进行。

技工培训，势在必行

清朝最高层把大量银子压在造船、造枪、造炮上。

大家第一眼看到西方强劲的地方，不就是轮船吗，不就是枪炮火器吗？

兵工厂、造船厂体现洋务派这一强国思路。

就在办兵工厂、造船厂的过程中，官员们越来越认识到，必须办技能培训学校。

办技能培训学校，与另开新科科举的思路不一样。

无论是造船还是造枪，没有技术人员，那是不行的。

沿着这个思路，李鸿章和左宗棠在建厂时，就着手开办培训学校。

为什么花钱由企业牵头，自己办内部培训学校呢？

眼前现实在那里摆着：几千名在工厂里做工的清朝工匠，差不多都是半文盲；厂里花大钱请外国工头进行临场技术指导。

这一定不是长久之策，清朝有必要将更多人培训成为技术熟练的工人。

在工厂里，一个最明显的事实是，年纪较轻的学徒，他们智力聪颖，手艺灵巧，尤其得到外国人赞赏。现在，能否给这样的人，提供一条进修路径？在清朝，迫切需要这样能够培训技术人手的学校。

语言培训学校——老牛拉慢车

但是，现实的另一状况让人很郁闷。

整个清朝帝国，仅仅有几所教授西文学校，数量之少，少得让人掉眼泪。

即使学校如此之少，洋务派官员也抱着无限希望，希望西方技术在清朝人身上扎下根来。

企业出资，几所培训学校终于办起来。

学校里招来几十位来自书香门第的青年。课程设置有中文、数学、自然科学。

按理讲，这些学校应与兵工厂和造船厂合作，既讲授理论，也讲授实际操作。然而，现实情况不一定都能按照理论来。

1862 年由总理衙门主办的京师同文馆出世。它是一所新式官办学校，它初意仅仅是培训中西外交所需的翻译人员，与兵工厂和造船厂需求不搭。

1863 年 4 月，李鸿章奏请皇帝批准，在上海和广州建立同样的外语学校，与京师同文馆不同的是，这里的课程设置除中文、外语，还教授数学和自然科学。

李鸿章的建议得到批准。

1864 年 7 月，在上海道台监督下，上海同文馆兴办起来。这所学校招五十名学生，其中十名年龄较大，已经熟练掌握中文；四十名学生是十四岁以下青年，由有声望的官绅保送。

学生们读经、史、朱熹著述以及作文这样的中文课程，由美国传教士林乐知讲授英文，由一位清朝教习教授数学。

在 1864 年夏，广州同文馆也同时建立。招收学生二十名，其中十六名是在广州驻防八旗子弟。学校雇用一个传教士教授英文和数学。

学校虽小，问题却大。

第一个要解决的，是学生不愿意学的问题。由于清朝文官制度和科举考试制度没有改变，学生思想就扭转不过来。"全国所有人都在读儒家经书，考试做官，凭什么我老爸要我跑到这里来学习数学和英文呢？"

总理衙门想个办法，援引早先俄罗斯文馆先例，得到皇帝的批复：京师同文馆三年制优等毕业生，可以被保举为八品官；通过升级考试的学生，可以授为七品官，可委任为京畿机构中主事。

京师同文馆学生，总算是有个盼头。

上海同文馆跟着也提出来，学完三年制学业，最佳学生应为"附生"（符合参加乡试条件低级"生员"）。

广州同文馆仿照旗人学校先例，许诺毕业生可以做翻译（注意是在满文和汉文之间进行翻译）。

现实情况是，上海和广州同文馆学生，尽管进学校，并且领取学习英文和数学的津贴，但老师们发现，他们的学生仍旧在那里练习写八股文，个个都在为乡试做准备工作。

洋务官员们自强理想与现实之间有多远，可想而知。

对于清朝那种一成不变的科举制度、文官制度格局来说，总算是在某一个小角落里进行了一次突破性尝试。就像一次不起眼的小地震一样，多少给人一点晃动的感觉。

为什么这么一个小小的地震得以发生，下面的事件及人物贡献，实在功不可没。

△ 在1865—1866年建立江南制造局和福州船政局，形势所需。

△ 制定总理衙门政策的文祥和董恂等士大夫，在与洋人交往的过程中，他们思想上引起骚动，虽然这种骚动比较微弱。

△ 恭亲王被李鸿章、左宗棠等人就有关新技术需要专业人才的论点所打动。

△ 赫德上书和丁韪良的著作激发总理衙门大臣热情。（丁韪良把沃顿著作《万国公法》译成中文；在总理衙门演示电报发报机操作。）

学制改革挡路牌

在新式学堂里，一些变化在渐渐地发生着。

1869年，在赫德建议之下，丁韪良被任命为总教习。这位总教习着手把同文馆办成八年学制的"书院"，课程包括外语、数学、物理、化学、地理、国际法和政治经济学。

1872年1月，英国传教士医生德贞来到这里，开设解剖学和生理学课程。

无论是课程设置，还是学制，都大大地突破当初限制。当然，学校主要目的没有变，仍旧是为外交工作培训人才。

这时在校学生有一百名，大部分仍是八旗子弟。

八旗子弟们仍然让人非常失望。大家一致认为，最好的学生当属上海同文馆汉族青年。

京师同文馆开始一项新业务——出版自己的乡土教材，主要是丁韪良的《格物入门》和毕利干的《化学指南》。

在资深学生赞助下，京师同文馆出版的书籍又有增加，包括国际法、政治经济学、欧洲国家历史书。

老师们在极力地促动变化，而学生们却没有多少改变。大多数学生拿出相当多的时间去读儒家经书，为科举考试头悬梁，即使那些最优秀的学生，在还没有毕业之前就已经被任命为总理衙门翻译，他们还在锥刺股，拼命读"四书""五经"，准备考试做官。

洋老师被清朝学生一心想当官的顽强精神加顽固不化的思想搞得没辙。

洋老师万里迢迢跑来清朝搞碗饭吃真不容易！学生们将来搞碗饭吃，在清朝，如果不能考试当官，能容易吗？

清朝人当官的思想好顽固啊！

理论结合实践教学方法

福州船政局还没有举行奠基仪式之前，于1867年首先建起福州船政学堂，学校招收一百名十四岁以下学生。这些学生是老师们从没落地方士绅家里招来的。学校许诺学生，学业有成之时，授给绿营水师官职，而且将来如果能立下军功，那就按照军功大小保举相应地方文职官阶。比如说，如果你是副团级干部，复员之后到地方上，会安排差不多是县级干部文官职务。

这是太平天国战争期间，军官最为渴望的成功之路。

办学之初，无论是左宗棠还是沈葆桢，大家都兴高采烈，希望学生们经过七年严格训练，能够设计轮船，监造军舰；希望他们树立成为舰长、大副的崇高理想，努力掌握必备的航海技能。

左宗棠、沈葆桢的这点期望，对学生们来说，实在太高。因为学生们的想法只有一个——当官发财。这是世世代代传承下来的观念，学生们的爷爷奶奶是这么想的，学生们的爸爸妈妈是这样嘱咐他们的。

沈葆桢想得更多，特别是让学生们在学习洋文时如何保证正确的世界观、人生观。

为此，沈大人策划出一套方案，要求学生们学习《孝经》和《康熙圣谕》这类简单著作，以及浅显的策论文章（分析时局难题、论证解决方案）。"这样一来，学生们便继承清朝伟大思想，也学到西方超级技术。"

学堂分法文班、英文班。法文班里学习造轮船，英文班里学习驾驶轮船。轮船从设计到制造，可不是一件容易事，法文班里数学就包括解析几何、微积分，还有物理学、机械学，对于没有上过小学与中学数学课程的学生来说，难不难？何况法文班里是法国人教学，没有法文基础的学生能听懂吗？七年学下来，能否设计出轮船、造出轮船，实在是个悬念。不过，它设置了很好的实习课，学生们直接到工厂里去观看那些零件制作的过程，还可以动手帮助工匠装配零部件。

英文班学生前三年学习航海理论，有英文、地理、平面和球面三角以及航海天文等课程，后三年到一艘由前皇家海军船长指挥的教练船上实习。

英文班里还有一个轮机舱部，招收曾在香港和上海铸造厂和机器厂工作过的青年人，只教授英语、简单数学和蒸汽轮机原理。培训他们随船维护、保养的能力。

这种强调实习的教学方式，相比其他学校来说，成效卓越。1874年，日意格的一份报告显示，"法文班七名毕业生能够在兵工厂指导轮机组装工作，八名学生能够胜任设计室主任工作，九名毕业生能够计算木制轮船需要数据，能够绘制船身和船帆设计图，在模厂做出粗样甚至能够做监督施工工作（监理工程师）。英文班十四名学员学到长途航行中指挥一艘战舰的理论，能动手操作。"

由于财政拨款大大减少，1874年以后，福州船政局不得不大大地削减造船规划。能够养些人也就相当不错了，权当大家都有事做。从1875年到1877年，只有四艘轮船下水。其中"威远号"是一艘混合结构船（铁胁、木面），装有福州船政局自制英式康邦卧立机，这在技术上是一个非常引人注目的进步。

船政学堂一些毕业生参加了这项了不起的工作。总工程师斯恭塞格及日意格手下的主要技术人员也参与其中。毕业生们把他们学到的知识好好地实践了一把。

到19世纪70年代中叶，四名福州学堂毕业生，经过一段时间试用期，最终被授予汽轮船船长头衔。理论与实践相结合的教学方法，成效显著。

毕业生都干吗去

船政局制造的这些轮船到底由谁来指挥？

的确是清朝人指挥。这些人曾在通商口岸做过事，他们也是从洋人那里，以徒弟方式，慢慢学来手艺。这些人缺少正规训练，但是却学会驾驶小轮船，打击沿海海盗。

严复，不少同学看过他的故事，当年，他就是福州船政学堂毕业生（二十一岁毕业），因为翻译赫胥黎和穆勒著作，而成长为翻译家。1874年时，他任"海东云号"代理船长。

福州船厂那些船组成一支水师军队，为这支水师挑选最高长官，沈葆桢左右为难，最后，终于选定蔡国祥。

这位是湘军水师将领，当初曾国藩就十分器重他，准备让他出任李泰国－阿思本舰队司令。

沈大人的数学观与赴法留学

沈葆桢经常下基层，到一线，隔三岔五就到船厂车间里转悠，时间一长，他发觉，这些造船机器实在是太奇巧，里面一定埋藏着大学问，不是三年五年就能学得到的。他跟厂子里的洋人工程师几番交流之后，形成一个观点：那个叫作数学的玩意儿，实在是复杂，然而这复杂学问，却又是整个西方技术的基础。

1870年，他找到闽浙总督英桂，跟他联名向皇上呈送一份奏折。他写道，据他考察，轮船与枪炮质量不是取决于钢铁，而丁取决于数学（这理论看起来还有点深奥）。现在西洋船舰和火器，正在以异乎寻常、不可思议的速度升级，那都是欧洲人计算能力日益精细的结果。他很低调地说，如果计算稍稍细致那么一分，机器使用就会大大地灵巧十倍。

这两个人终于找到"清朝制造"的病根之一——清朝人没学习西方数学。

虽说沈大人是头痛医头、脚痛医脚，但处在他那个位置上，能看到一些实际问题并能提出实在解决方案，也是难能可贵的。

到1874年毕业季，福州学生毕业时，学得最长时间的学生，最多也就上七年学。

在1873年，赶在学生毕业之前，沈葆桢上疏皇帝说，应该把最好的毕业生送到法国和英国去深造，以便使他们能够循序渐进地学习，将来能够将西学中最为精微奥妙之处学过来。

在沈大人的促动下，1875—1877 年，福州学堂毕业生开启赴法留学旅程。沈大人这个功劳真不小，虽然受益学生真不多。

招收香港学生

1874 年夏末秋初，福州船政学堂与法国人之间签订的合约到期。老外要回家，学堂遇到外教流失问题。

这学堂是继续办下去，还是就此收摊呢？没有经过多少讨论，沈葆桢和继任者丁日昌坚持认为，学堂要继续办下去，照原样办下去。通过努力，两名法国教师被挽留下来。

有几个外教，还得有学生，前一批学生都陆续毕业，新生得有着落，丁日昌认为，如果有点数学和英文基础，那就实在是再好不过。

顺着这个思路，在国内找不到这样的学童。国内学生家长，只要口袋里还有钱，能供得起孩子读书，都巴不得让孩子读书考科举，"儿把父当马，父望子成龙"。就是沈葆桢和丁日昌，还有他们的亲戚朋友，都没有把自己的孩子送到这所学堂里来读书。

丁日昌跟轮船招商局总办唐景星熟悉。谈起招收学生这事，唐景星说"我有办法"。唐景星曾经在香港居住过，对那里的学生情况、学生家长的想法比较了解。唐景星把这笔招生业务接下来，安排人手，一下子就给学堂里招齐 40 名符合要求的学生。

作为一所速成学校，船政学堂为清朝培养急需的兵舰工程师、船舶工程师和船长，这些人都是国产"第一代"。在国产航海人员培训方面，这所学堂受到重视。

领导带头培训自己的子女

与福州船政学堂相比，江南制造总局凭着它的特殊环境，做出的贡献更大，算是速成培训的大哥。

要说这个时期的李鸿章，真算是个全才。在江南制造总局设立时，他就着手制订一个方案，收一些学童，一方面安排时间，在制造局见习机器操作，一方面安排老师，给他们讲授数学和自然科学。

1867 年这所学堂发展引人注目，几位为曾国藩工作过的清朝数学家、工程师从安庆军械所调到这里工作，他们中名气较大的有华蘅芳、徐寿和徐建寅。

也正是在这些专家建议下，建立一所翻译馆，既翻译出版中文版西洋科技书籍，又培养翻译人才。

1868 年，翻译馆聘用英国传教士傅兰雅在内的四个人做教习。这伙人汉语水平很牛，他们口述科技著作，清朝人笔录，用这样的翻译方式，使得翻译速度大大提高。

虽然倭仁站在那里以站着说话不腰疼的一贯作风嘲讽洋务派，曾国藩仍然在坚持。1868 年下半年，曾国藩递进一份奏折，"要选拔书香门第聪颖子弟来拜这些洋人老师学艺，以便使清朝优秀青年子弟领悟西洋技艺中的义理（要义、道理）。"

为发挥榜样的力量，曾国藩安排自己天资颇高的长子曾纪泽，学习英文和西洋算学。

1869 年下半年，江南制造局新址校舍竣工，上海同文馆随即迁到这里。学生只有可怜的 50 人，但同文馆主人换人，改为由江南制造总局主办。一同换的，还有名字，叫广方言馆。

制造局为工人办起在职训练班、徒工夜校，搞起在岗培训活动，请专家在工人中讲授数学和简易科学知识。

这里的教学与实践也有脱节的地方。清朝数学家们没有福州船政局洋教师搞得那样好。徐寿和其他清朝数学家、科学家对制造局生产计划不承担责任，追求他们自己的学术兴趣，不断地做着翻译的事。

这着实让人想起福州船政局洋老师的做法，他们拿的工资虽然高，但效果更好，值！

瞎捣乱的领导

对这所学堂，不只是下边学生及家长没有拍出什么欢迎的掌声，一些上层领导还时不时搬来几块挡道的石头，其中一位上海道台搬来石头，实在是叫人领教了什么是外行指导内行。

学堂本来应该培养工程师和翻译人才，一位迂腐的理学士大夫涂宗瀛（1811—1894年），当上上海道台后，在他短暂的任期内（1870—1871年），三番五次跑到学馆里抖威风，硬性责成上海县教谕来设置这所学堂课程。他这么一弄，麻烦就出来了。

广方言馆五年制课程设计中有数学。现在，数学老师在教授代数、几何和三角时，却不得不根据上级规定讲解中国古代《算经》。这样一来，学生们头脑里的数学概念就不停地打架。

打架就打架吧，更为严重的是，三年制课程设置中，现在，被涂大人这么一弄，加进大量中文课程，学生们要不停地读历史著作，有文字艰涩难懂的《左氏春秋》《资治通鉴》；有大量经学课程；要求学生阅读朱熹全部著作、清朝学者谈论宋学文集。一周还要花一天时间准备作八股文。

痛苦的是，这样的中文课，从第一学年搞到第二学年，三年制学生，最后一个学年能学到什么呢？只有天才知道。

大家都在努力

这里的学生，可以选择专业，选修不同课程，这些专业课有外国语文及风习制度、矿物学、冶金学、机器设计与操作。这些专业课程，只是针对那些不打算参加科举考试的学生。这样的学生，中文课也被减少到最低限度——只读"四书"和"五经"。然而，就像今天职校生一样，在本科生或研究生面前，总是觉得自己矮一些。

经过校方及老师们的努力，到19世纪70年代中期，单独技术课总算招到40名学生，分为三个小班上课：造船学、船舶工程学和军事科学。开设课程有英文、数学、绘图和射击学。教习中有从制造局里请过来会造船、会军械制造的洋人。他们中有专家，也有动手能力极强的技师。

单就这小班上课的方式，就真能让学生学到东西。只不过，有时，人算不如天算。

在上海高层为数不多的几名支持者中，丁日昌一直赞成江南制造总局教育和培训规划，在 1870 年下半年，这一规划真正开始付诸实施时，丁日昌却因为母亲去世而不得不暂时离任。

人走茶凉，他的离任，对于教育和培训规划来说，实在是一件非常不幸的事。

在官任上，丁日昌高度重视民生、司法公正这两大问题，在清朝如何发展问题上，他主张清朝需要学习西洋科学。这样的官员，在当时可是个宝贝。他说，"洋人耗其心思、气力、财货于渺茫无凭之地（指大海），现在，这种海洋文明的威力就表现出来了。"

19 世纪 70 年代，清朝著名赴美留学使团成行，在促进清朝引进西方科学方面，丁日昌的努力起到关键性作用。

▶▶ 赴美留学使团 ◀◀

孩子们读书的事，暂缓一缓

1864 年，一位听到消息的民间读书人士，向总理衙门写信，"日本正在派人去欧洲学习制枪造船"。他的目的是想引起政府重视，借鉴日本做法。因为政府一直都在关注英法俄美，对身边的日本，不怎么关注。

这封信没有人理睬，石沉大海。

过了一段时间，这封信，偶然被总理大臣恭亲王拿到了手里，他看后突然产生一个想法：是不是咱们大清也可以派遣学员到外国兵工厂去学习呢？

我们总是把洋人请到家里来当家庭教师，为什么不可以把我们的孩子送到他们家学堂里去上学呢？那样一来，学起来岂不就更有氛围？

这个突如其来的想法，把恭亲王折磨得晚上睡不好觉，他把李鸿章喊来，想听听他的看法。

李鸿章说，"亲王这个想法，那是迟早必须进行的步骤。只是眼下要等一等，时机还没有成熟。先在大清设局建厂，弄成这一档子事后，再考虑送孩子们到国外去读书的事。"

李大人这么一说，转眼间四年宝贵时光就过去了。

两封信

1868 年初，毕业于耶鲁大学的容闳，拿起笔向刚任巡抚不久的丁日昌写信，建议"将清朝青年，在职业培训之前先送到美国大学预科，学习基础理论知识"。

这封信被立即送到丁日昌手中。

丁日昌正在想着如何来弄职业培训的事，没想到居然有人能提出这么合理的建议。

他拿起笔，亲自给文祥写信。不过这封信也石沉大海。

不久，他得到一个跟曾国藩大人面对面交流的机会，最终取得曾国藩的支持。

1870 年 10 月，丁日昌在华北协助曾国藩处理天津教案。在此期间，他极力说服曾国藩这位政界元老向皇帝提出建议，派遣青年学生到海外普通大学、陆海军学院去念书。

曾国藩被丁日昌说服，动笔向皇帝写奏折。"这些西洋国家，家家广立书院，分科授业。只要是天下百姓，没有不学习那些技术的，而那些国家的教书先生，个个都是名门专家。因此，非常有必要把大清的孩子送到他们国家去念书。"

曾国藩敢于这么说，有他的理由。这个理由是 1868 年蒲安臣与美国签订的条约中，允许清朝人到美国旅游、学习。

终于把事搞定

丁日昌在看完容闳的信后，除写信和跟曾国藩沟通之外，还想到一个他认为稳妥的办法：既然容闳曾在美国大学接受过正规教育，那么，把清朝学生派往美国学校读书之事，就可以让容闳当领队，这样，这些家长们也就放心了。

事情到这里还没有打住，丁日昌想得更远。如果给容闳配备一位具有清朝正统教育背景的人同行，这个方案就更容易为北京方面接受。

丁日昌把这个想法再一次跟曾国藩沟通，曾国藩突然想到自己幕僚里的一个人，这人是翰林学士，正统教育背景。这人仕途坎坷，官场不顺，长时间来，几乎在做同一件事：不惜采取任何见不得人的手段，一味地谋求晋升。这人放在身边，终究是个祸害，如果把他打发去美国，看他还能找到谁玩大拍马屁的伎俩。

曾国藩手下这个人，就是 1853 年进士的陈兰彬。他曾担任过刑部主事，后被打发回广东搞地方防御军事工作。

他跑到湘军将领刘长佑那里当随从，眼下正在为曾国藩效力。曾国藩跟他接触一段时间之后，这才发现陈兰彬是个势利小人，还敢于大言不惭地当面拍马屁；他越来越发现这个人为了私利，不惜出卖朋友。这样的人，把他派到美国去，实在是太合适了，而且他是有声望的翰林院学士。平日里，他的那些动作，搞得曾国藩虽然看不惯，却也不好得罪他，现在，如果能远远地打发他，多好啊。

曾国藩折子投上去两个月，连人选都定了下来，上面却没有什么声音，石沉大海，看来这事要黄。

1870 年 12 月，已经是直隶总督的李鸿章从老师那里听到这事的风声，他告诉曾老师，"这折子要重新写，重新上奏。"

除讲重要性，说明必要性外，还要讲清楚两个问题，一是要讲明政府需花多少银两来办成这事，二是要讲清这些人回国之后，国家如何安排他们的工作。

要是这银子花出去，是个无底洞，皇帝一准不给办；要是不讲明这些人将来的身份、职位，如何安排工作，皇上也不好办。

曾国藩一听，觉得还是这李学生想得周到，立即就叫容闳拟个计划。容闳构思半个月，策划出一个选送一百二十名十二岁至二十岁青年的方案，每人到美国游学十五年。

李鸿章看完这个策划案，觉得这十五年虽然挺长，也是必要的，想想看，最聪明的人中进士，也要二十来年吧，个别特别聪明的除外。

一人一万两银子的话，那就要 120 万两，当然，这是要政府慢慢地掏，掏个 15 年，应该不成问题。可以由上海海关收入中分出一点来支付。

李鸿章想来想去，决定要给这个策划案补充一点什么，这样一来，在皇帝那里更容易过关。

他最后补充了一句至关重要的话，"将来果学有成效，积有经费，再义充拓，方有步骤。"

这意思是说，皇上，这事咱就这么定，将来口袋里有钱，还要送更多咱清朝孩子去外国读书，还给咱孩子们更多钱去国外花花。"学有成效"这话会让皇上看着舒服。

接下来就要谈谈咱清朝孩子到国外去读书，学成回家，该给他们定个啥功名。这对学生们来说很重要，他们倒不是想去学点什么，甚至不想到国外看风景。学过十年二十年，弄个功名，那实在是太重要。父辈们一辈子读书，不就是为了功名吗？

李鸿章掂量来掂量去，觉得这些人只要去，给个"监生"功名，一定会有动力，如果许诺他们，当他们结业归来时，授以官衔的话，他们应该更加满意。

当最终将计划搞妥当之后，1871年6月，李鸿章和曾国藩联名签署，郑重其事地向总理衙门写了一封长信。

完成这些扫清外围阻力铺垫性工作，三个月后，他又和曾国藩就这件事联衔向皇帝上一本奏折。

当慈禧就这事问起总理衙门意见时，恭亲王建议将学生年龄由十二岁至二十岁改为十二岁至十六岁，认为这样做，能够减少一些父母到垂暮之年而学生仍然必须逗留海外读书的可能性，而且还建议，在赴美留学使团驻外办事处恭设孔夫子神位。

经过这些程序，派遣海外留学生这一事终于得到批准。

时间已经是1872年，距当初那位民间士大夫提出建议案（1864年）已过去八年。

留学生成买办人才免费培训班

得到招生授权，曾国藩立即在上海设局招生，随后，又把招生项目转手承包给上海买办商人徐润。

徐润是广东香山县人，立即回广东找来亲戚、朋友、同学、同事，劝说广东人送子应选。

对于买办商人来说，实在是一个天大的好机会。平日里跟在洋人后面学点英语那么难，现在有机会到美国去，那回来不就是最高级别的买办吗？

1872年，第一批招来的三十名青年中，广东人占二十四名，其中，徐润老家香山县来十三个人，只有三人来自江苏，而安徽、山东和福建各来一人。

领队容闳提前一个月到美国，找到康涅狄格州教育司，提出要跟他们搞合作项目。这一项目很快立项并通过（只要合作项目能赚钱，美国速度那才是一个惊人），容闳在哈特福德市设立清朝留学使团办事处，将留学生一个一个分别派到康涅狄格十二个市镇的居民家里。

这些美国家庭不但有了解清朝的机会，有跟清朝人结个友谊的机会，还赚到一笔酬金，实在是太划算。这些青年学生就安排在附近这些镇子里入学。

陈兰彬带着三十名学生还有两名清朝教习，不久也到达美国。这两名清朝教习住在哈特福德办事处，利用美国学校假期制度，给学生们定期教授中文课程。

随后三年中，又有三批青年来到美国，每批三十名。到1875年，胜利完成当初预期一百二十人的重大政治任务。

如何让留学生们不忘记祖宗呢？也就是如何安排他们中文课程呢？

这是个问题。总不能让这些小孩子在美国学习英文，回国后认不得汉字吧。这几个人到底还是研究出办法来。

他们给留学生中文课程做相应设置（规定在留学章程中）。章程规定，留学生们要学习《孝经》、《大学》、《五经》和《大清律例》；还要去听讲历代满族皇帝圣谕课程。章程规定，留学生要在初一、十五朝着北京方向行礼。

孩子们的学习和生活

清朝一位爱好旅行的人士李圭，1876年9月跑到哈特福德市看风景，顺便也看看这里的清朝留学生。他说，当他到达这里时，还有113

名学生在学习，其他7名有的死，有的病，有的被撤回（学习不用功，品性不正，实在不行，被学校辞退）。看来，水土不服、文化不适应情况，多少还是有些，还好，不是太严重。

这些人被分成七个小组，每组十二个人。每三个月里，有两个星期时间在哈特福德集中学习中文，在清朝教习指导下阅读、背诵，做习字和作文训练。

李圭说，他们这些人也渐渐美国化，除非拿掉他们的大帽子，否则，你看不到他们藏起来的大辫子，清朝孩子能够兴高采烈地跟他们美国学哥学姐们一起打篮球、打垒球。"在咱们大清国，那可是从来不曾看见过的高级益智玩具。"

礼拜日子里，他们在女监护教师呵护下去教堂做礼拜。

都努力，效果为何不好呢？

容闳也赚了，在女监护教师里面，他赚到一位来做他老婆。

陈兰彬来到美国，开始思考如何去赚钱。在工作上，他能够跟容闳很好地合作。这种人一般不会跟搭档过不去，平时，都是搞关系的高手。

1873年下半年，陈兰彬跑到古巴，发现那里的苦力贸易很赚钱，于是着手去调查。调查后他并没有着手去做贩卖苦力的生意，在返回北京后，官升两级，当上驻美国、西班牙和秘鲁公使，1876年，他以公使身份再次来到美国，旧地重游，容闳当他副使。

此时，哈特福德办事局监督是区谔良，也是陈兰彬举荐的人选。当时，区谔良也是一位翰林，官运不好，仕途坎坷。身为翰林，区谔良却仅仅是一名工部候补主事，混得实在不咋的。日子不好过，他就想学学陈兰彬的做法，走陈兰彬的路子。

一到美国，他就批评起同事（而且算他前辈）来，说容闳犯了允许学生西洋化的政治错误。

批评来批评去，到1877年，他这才发现，自己是站着说话不腰疼。他不但没有拿出一项起作用的措施来阻止学生西化，而且，他自己在这里待得时间久了，也自我西化：他的辫子，也偷偷地塞到帽子底下。

区谔良开始他第二个工作，找上司要钱。这一次，他找到同事容闳，要他一起联名写信给李鸿章，向他要钱花。

李鸿章正想着要找这两位要人呢。他写信要求他们鼓励学生特别选修采矿和冶金专业，因为这两方面的人才是目前大清最需要的。

不过，这钱的事，李鸿章还是放在心上，他向朝廷上书，说是有些留学青年，最近一两年内就可以上大学学习。当然，上大学的钱，跟小学中学相比，数量就太不一样。

慈禧一看，给他批了一笔款子，此后九年，拨款总数为289800两银子。

由于中美关系受到一些事件牵连，赴美留学使团于1881年不得不撤销。办成一件事，真是不容易。不过，这种培训方法，有它不可企及的长处，也有它显而易见的短处：培训时间太长，管理难度太大，所需要费用又太高。

清朝确实在努力，钱也花了不少，精力也费了不少，只是效果似乎不咋的。

人才培训渐渐给力

东方不亮西方亮，黑了南方有北方。

欧洲在清朝西方，在这里，沈葆桢输送船政学堂毕业生去欧洲进修的想法，一一得到实现。

丁日昌丁忧期满之后，1875年成为福州船政局总办。他注意到日意格要回欧洲老家，就挑选五名最优秀的毕业生，随着日意格一同到欧洲去进修。

没想到回家之际，还能做笔生意，有钱不赚白不赚，日意格接下这笔生意。后来，其中两名学生当上李鸿章舰队的管带。

1877年1月，北洋大臣李鸿章、南洋大臣沈葆桢，为了培训学生之事，联衔上奏，"船政学堂三十个毕业生，很有前途，不过，要让他们更有前途能为国效力，最好办法，就是送他们到欧洲，至少三年深造。至于银两，那就从海关关税和福建省厘金中拨款，二十万两差不多也够了。"

这项计划没有拖十年八年，很快便有回音，得到皇上批准（南洋、北洋大臣联合起来说话，还是蛮有分量）。

在随后两个月时间里，三十人启程出发。领队是李凤苞，担任赴欧学生监督。

李凤苞原是一位候补道台，基本上属于下岗失业人员。与一般候补者不同，他在江南制造局接受过训练，而且他老师就是日意格。

与赴美留学使团那长达十五年计划比较起来，赴欧培训规划就实际得多，目标也容易达到。

李鸿章把这次培训的主要目标定为借欧洲国家之力培养清朝舰长，以便清朝子民驾驶从欧洲定购的复杂、高技术含量的兵舰。

在呈送皇帝的奏折中，李鸿章和沈葆桢只是说，为了鼓励学生学习化学、采矿等专业性很强的技术。这样一来，就免得大臣们争论。到欧洲，到底如何学，学什么，那就是天高皇帝远，具体运作情况，一般是不会传到皇帝耳朵里去的。

确有六名福州学员进入格林尼治皇家海军学院，其中有一位是严复，后来成为很有名气的大人物。有九名学员选择造船为他们的终身职业（造船工程师），其中四名进法国瑟堡造船学校，五名进土伦海军船厂。

进巴黎国立高等矿业学校的只有五名福州学生。可以看出，李鸿章从皇帝那里要国库钱，还是办拓展海军军备人员的事。

与严复一同进海军学院还有罗丰禄，这两个人是当时船政学堂"英文班"里才学出众的毕业生。他们这两个人学着学着，就放弃航海学，改在伦敦英王学院攻读政治和化学，跟他们一同在欧洲学政治的还有李鸿章的幕僚马建忠，他在巴黎学习法律和政治。

清朝人在欧洲由专攻技术到学习社会政治，快要触及欧洲文明进步的真正源泉。

在 1882 年、1886 年和 1897 年，又有福州培训学生相继奔赴欧洲，在这里进行为期三年或六年的技术进修。

现在，在派遣留学生方法上，洋务派算是摸索出了一些门道。他们选择的学生年龄比较成熟，出国期限也比较短暂，费用也不用那么高昂。这样的学生，不容易像康涅狄格州留学使团学生那样被西洋化。

这些有价值的工作，对于清朝技术进步，对于中西文化借鉴，是一个很好的开端。清朝知识分子中，也开始有经过训练的科技人才。他们当中，有许多人，在此后几十年里，发挥了具有历史进步意义的重大作用。

在引用西方近代技术方面，他们人员虽少，却推动了清朝自强事业的发展。

19 世纪 60 年代，自强新政是清朝高层对付外国挑战的一项重大国策，到 19 世纪 70 年代晚期，已经变得越来越复杂，越来越多样化。

西方技术一步步走进清朝国内工业、交通运输业中来，洋务派的自强新政，也从以军事防务为中心升级为以推进工业化为中心了。

工作重心转移，洋务派能适应这种转移进而能够抓住振兴国运的机会吗？

第三章

传教竟然做成大『事业』

十三、传教，信仰乎？事业乎？

近代异民族传教四大条件

我讲课时，每当谈到传教士话题时，学生提出的第一个问题常常是：那些传教士，努力地传播教义，动力那么大，这劲儿是哪儿来的？

做成一件事，条件是很重要的，对吧？欧洲人现在要到全球去传教，他们至少必须具备四个条件：

△ 传教活动需要经费资助（没有大把大把钱，还是不要出门。讨饭方式没法传教。清朝那些最豪华阵容的佛教圣地，当初多是皇家出资兴建）。

△ 需要组织指导（政府保护只是其中一个方面）。

△ 必须克服长途跋涉技术障碍（从欧洲到亚洲，隔着大洋）。

△ 众多西方人必须对非基督教世界有充分而且足够关心，以致他们以排除万难精神，非常积极地投身于拯救灵魂工作（这一点尤为重要）。

以上四大条件，真是缺一不可。其他条件，如必须克服民族、文化隔阂，与上面四大条件比，就是小事。

近代欧洲人之所以万里迢迢跑到咱们儒教故乡来传教，与这四个条件一一得到满足有重大关系。

一个陌生教要去征服一个陌生国度，要去征服一个从上到下与它抗争之儒教根深蒂固的国度，这是怎样一个惊天动地的过程？而这个过程，又与清朝命运有着重大关联。

扩张罗马教皇权威

16 世纪 80 年代，天主教士到明朝来传教的活动开始积极地推进。

当时，东方政府允许意大利耶稣会士利玛窦（1552—1610 年）进入到中原大地。不久，其他天主教教派传教士纷纷加入利玛窦的事业中来，这就揭开一个蓬勃发展的东方传教时代。

这个时期的传教活动，虽然兴盛，与我们晚清传教活动有着很大的不同。

这时传教士到东方来，不是仅仅来拯救东方人的灵魂，而是来扩张罗马教皇的权威。

1727 年，北京成立了一个俄国东正教传教士团。他们规模虽小，可是冲着北京城大地盘而来。

这个时期的传教士（17 世纪和 18 世纪），大多是耶稣会士。他们对清朝本土儒教非常宽容。你可以拜祖宗、拜孔圣人，同时拜上帝耶稣。有些传教士甚至在探讨能不能在基督教和儒教之间调和。

这个时期，传教士没有外国军事力量保护，没有国际条约支持，他们传教工作能否继续下去，就看国人同意还是不同意。

有秘密结社嫌疑，遭严禁

1692 年，康熙帝发一道敕令，准许教士传教。

1724 年，雍正皇帝收回这道敕令，不为别的，就因为怀疑外国传教士的政治动机。比如，俄国东正教传教士团，大老远跑到北京来干吗呢？只是占北京地盘吗？是不是……

这么往下一想，问题就来了。于是，管不着别人，咱管管清朝人还是可以吧。雍正帝发出一道指令，"清朝基督徒，都必须放弃信仰。"外国传教士，除任职于北京钦天监以外，统统都离开清朝；天主教财产没收充公。

在此后一百二十年里，基督教再也没有人在皇上那里提起。清朝官方把它定位为异端。在官家看来，这些在民间偷偷传教的做法，与民间秘密会社（白莲教、天地会）类似，他们目的只有一个，那就是跟皇朝安定团结过不去。

上有政策，下有对策。

你不要我们白天搞活动，我晚上偷偷地搞个小小集会，几个人在一起唱个赞歌，讲个宗教故事，神不知鬼不觉。

你不要我们讲经布道，我办个学校可以吗? 这学校名可是光明又正大呢。

天主教那些轰轰烈烈的传教活动看不到，那些壮观的信徒集会场面看不到，而培训本地牧师的学校却一所接一所地办起来。不过，教士们仍然看不到任何希望前途。基督教团体越是遭到秘密会社待遇，基督教士们越是变得像秘密会社一样活动。大家从繁华热闹的城市来到偏僻乡村。旅途中必须乔装改扮，还经常有被官府捉拿的危险，进而被驱逐出境。要是运气不好，就会被官府关押收监，要是命运再差一点，可能头就要被削掉。

乾隆在位时间很长，他的做法与众不同，时不时对基督教搞一阵严打，他捣鼓出来的迫害事件，是全国性的。

嘉庆和道光这两位后继者变本加厉。当时王朝权威削弱，时不时来一阵社会乱象。大家有事都不找官府，找也白找，可能还找来麻烦，只能秘密结社，抱团取暖。社会抱团多，政府镇压秘密结社的行动就更加严厉。传教士的日子就更不好过。

更沉重的打击让传教士们沮丧

在 18 世纪和 19 世纪初期，天主教在清朝，社会地位一步步降低。

欧洲老家对东方清朝发生的情况不能坐视不管。既然在此国，扩展不了势力，赚不了多少钱，还隔三岔五弄出人命来，1773 年罗马教皇干脆下一道命令，"那个地方太远，也太危险，耶稣会也解散。都回家吧。"

耶稣会，是从利玛窦时代以来一直支持在清朝传教的主要机构。耶稣会里，记名在册的就有四百五十多名耶稣会士来清朝工作过。

教皇这个指令对那些仍坚持在清朝致力于做传教的传教士们而言，是沉重打击。不过，更大的打击还在后头。

葡萄牙和西班牙，这两个国家皇室，长期以来一直是东方传教活动两个最大赞助商，这会儿，在荷兰、英国、法国崛起路途中，这两国海上霸权不复存在，国运衰落。赞助商没钱，传教士的日子更不好过。

祸事总是接连而至。这时节，欧洲启蒙运动兴起，到处在开展反教权主义斗争，教会已自顾不暇，哪里还有精力和时间管到遥远东方教士的苦难呢。

欧洲这些事态发展使得教会在全世界的影响力都在下降。

翻这个时期的资料，有一组数据很刺眼。

1705 年，清朝天主教徒大约有三十万。

1800 年，总数约在二十万。

1840 年，大体上保持在这个水平。

教徒总数变化不大。

这时，传教士们失去接近皇上、官吏的机会，他们对上流社会的影响力，大打折扣。

教会在清朝传播情况也令传教士沮丧，既没有本国支持、赞助，又没有清朝政府认同，如果不出意外情况，传教士的献身精神很有可能一步步退化，甚至在几代人之后，可能会在清朝大地上销声匿迹。

这种情况当然没有发生。

这是为什么呢？

到这么一个节骨眼上，事情居然突然发生逆转。

传教士华丽转身

欧洲在资产阶级取得政权之后，重建和平秩序。随之而来的是他们以资本谋求在全世界的扩张、殖民。

在这个时期，天主教会对派出传教士前往世界各地去传教的活动又产生兴趣。

一些旧天主教宗派又恢复活动，新教派也跟着创办起来。传教，作为一个事业，走上复兴之路。

天主教会为了传教事业，为了促进传教活动，1822 年，法国建立教廷传信部。

1840 年，天主教做出重大决定，"到清朝大力去拓展传教事业，开展传教活动，建立一个东方伟大宗教帝国"。

新教教徒在改宗时产生传教狂热

随着资本主义产生、发展，在英国和美国，同时出现并发展一种新教派——新教。新教出现之时，新教教徒对于到国外去传教，大都漠不关心。把自己事搞好就行，哪有时间与精力去给别人上精神课。

但有一个事件，改变了新教教徒这种想法。

英国福音布道会、美国大觉传道会，在这件事情上作出重大贡献，这两个会给新教所有派别注入新的生气。

这两个会，在让无数人士在改宗（改变原来信仰，信仰新教）之时，经历了一场强烈感情危机，在此之后，就突然发生情感与志向大改变：时刻准备着，为耶稣基督而献身。

先到东方当写手

福音派新教运动的硕果就是产生了许多新教团体：循道宗、救世军、主日学校、基督教青年会、基督教女青年会。

这些杂七杂八的团体首先在自己国家各显神通，在竞争信徒过程中，有很多人就开始有新想法：创办新教传教会，到国外去传教，到国外去争取信徒，到国外去抢占地盘。

这样一来，一批新教传教会团体就此出现：伦敦（布道）会（1795年）、中华圣公会（1799年）、英国圣经公会（1804年）、美国海外布道会（1810年）。

新教徒传教团体来自两个国家：英国和美国。在这两个富有国度，筹点活动资金不是什么难事。

然而，在清朝，可不是洋人想搞活动就能搞得起来的。一大堆难题正在那里等着他们。

1807 年，伦敦会马礼逊（1782—1834 年）来到清朝，踏上新教在清朝传播之旅。

清朝土地是大，清朝人口是多，但是，你要传教，官府只给你两个地方，一个是广州，一个是葡属澳门。

马礼逊就在这两个地方开始活动。

1840 年前后，到清朝来传教的教士增加到二十人，代表六个不同的教派组织。

已接受洗礼的华人，还不到一百人，其中大部分是教会学校学生，小部分是教会雇员。

马礼逊给他第一个清朝信徒行洗礼的时间是 1814 年。整整七年，才发展了一个华人信徒。由此可见，在清朝要做点成绩出来，还真的不容易。

学者们说，这个时期，他们的工作为后人奠定了基础。

他们是如何奠基的呢？

他们准备了大批中文版基督教书籍。

在米怜的帮助下，1819 年马礼逊完成新旧约中文本翻译。这个贡献很大，怪不得他没有时间来发展信徒。后来又编写第一部汉英字典。

这二十来个早期来清朝的传教士，都坐在那里用中文写书编报。他们在这里源源不断地出版中文版宗教文章和小册子，其中最著名是米怜的《张远两友相论》（1819 年版）。

米怜头脑聪明，一到清朝，就跑去看清朝人的阅读习惯。他发现，清朝人喜欢看章回体小说。于是，模仿这种传统小说做法，写张与远两个人的故事，在其中融入西方宗教思想观念。

张与远是好朋友，张是虔诚教徒，远则对圣教蒙昧无知。二人偶然在路上相遇，东扯西拉就谈起耶稣来。两人在夜晚梧桐树下一边纳凉，一边聊天，张为远解释那些让他困惑的事，最后，远也成为一名信徒。

米怜的做法很成功，既宣传教义，还赚到稿费。传教士们纷纷模仿他的做法，也不去弄信徒来开会，纷纷拿笔写起章回小说，当起写手。有教士尝试着将《圣经》里的故事改编成通俗小说。

清朝宗教"市场"，他们就这样开拓了起来，这些拓荒牛还真是找准了对象，找清朝能认字读书的知识分子开刀，从这里找读者群，找知音。洪秀全就是买了几本他们的书，看着看着入了迷，他自己也当起写手，在"拜上帝会"会众那里推广他写作的作品（《原道救世歌》《原道醒世训》《原道觉世训》）。

洪秀全的铁杆粉丝读者杨秀清，扮演来到人间的耶稣，开口讲话，要洪秀全封他为人间皇帝。

这些传教士兼写手们同时又开辟另一条写书赚钱渠道，编写一些供他们本国人使用的小册子，介绍清朝生活，讲讲清朝状况，吹吹传教工作在清朝取得的重大进展，这些小册子在他们自己国家出版发行。

《清朝丛报》就是做得极有声势的一本月刊，它是首批赴华美国传教士裨治文（1801—1861 年）于 1832 年在广州创办的。1833 年卫三畏（1812—1884 年）加入这个写手圈子，这个月刊一直办到 1851 年，传教士们在这里大论特论清朝当时发生的大事小事。狂喷口水，还赚取稿费。

到东方办医院和学校

如何让东方人心甘情愿地接受西方来的洋宗教呢？这批人又用起清朝人最喜欢的两招。

一是办教会医院，一边给清朝人治病，一边做教会宣传工作。

第一个来到清朝的医生传教士伯驾（1804—1888 年），1835 年在广州创办一所医院。该所医院里，二十年间医治五万多名病人。

这办法比卖书还好。做写手卖书，那毕竟是单向交流，而做医生传道是面对面交流。

1838 年，博济医局在广州成立，伯驾也是这家医院的发起人之一，打出旗号"解除人们苦难和宣扬基督教义"。用当代的话讲，"用一个平台账号做两个垂直领域。"

二是办学校。办医院，解决眼前宣传问题。给病人看看病，顺便聊聊天，交个朋友，然后讲讲圣经故事，然后让他们来加入教会。而办学校，教育下一代，这样一来，就能让真主耶稣在下一代人心中扎下根。

教育要从娃娃抓起，这也正是传教士热衷于办学校的原因。

1818年，马礼逊创办英华书院。这个书院，最早设在马六甲。那里有大量华侨，而且比广州安全。

"你孩子要读书，是吧？那好，来我这里读书，不但教你中文，还教你洋文，将来他可以到洋行里当个买办、翻译。当然，我这里，基督教课程是每天的必修课，得好好学习啦。"

马礼逊死后，他的愿望进一步在马礼逊教育协会中体现出来。马礼逊教育协会是华侨为纪念他而成立的，这个协会宗旨是在促进英文教学，从而使清朝人能获得"西方各种知识"。

转换身份，既求生存，又能跟清朝人接上关系

这一群拓荒牛来到清朝，又写书，又办报，还兼职搞医院项目，跨行业经营起民办教育。

传教士感觉着资源不足，发现要亲自去吸收信徒。

他们招不到信徒，没有信徒向捐款箱里投钱，日子过得捉襟见肘。一些人放下圣职身份和架子，拉下面子，干起世俗职务，赚钱过日子。

从1809年至1815年，马礼逊担任英属东印度公司翻译，1816年又随同阿美士德勋爵出使北京，担任通译。

传教士李太郭，在19世纪20年代以博物学家身份来到清朝，十年之后，以英国圣经公会代表身份回国，1842年被任命为英国驻广州第一任领事。

普鲁士传教士郭施拉（1803—1851年），在鸦片战争期间担任英国通译，随后又当起舟山地方行政长官；再后来接替马礼逊儿子的职位，担任起香港英国当局中文秘书。

裨治文和伯驾在1844年担任美国谈判代表团秘书。伯驾又转到外交界担任美国代办，差不多把传教士身份丢光。伯驾还是综述清朝百科全书式著作《清朝总论》的作者，最后在耶鲁大学主持美国第一个清朝语言和文学讲座。

这种不拘一格的工作状况，一部分原因是生活所迫。大家都是人，

哪个不要赚钱来过日子。既然招不到信徒，没有人捐钱给教会，不能从捐款箱里找生活，那就只有自己想办法求得生存。

另一部分原因，是政治形势所迫。清朝从上到下，这个时候，还在非常有力地抗拒西方思想、文化、生活方式的渗透，那么，所有外国人的最高目标便只有一个——渗透到清朝中高层人群中去。传教士的手段当然可以有很多样。只要他能接近你，能影响你，就不拘泥于身份或形式。

这些做法，没有一直继续下去。

突然被一件事情的到来打断。

在华洋教会实现华丽转身

鸦片战争之后，清朝大门被打开，中西交往有一系列政治规则（《南京条约》《北京条约》等），传教士、商人和外交官现在可以在条约保护下，展示自己的身份。

尤其是传教士，不必再对自己的身份遮遮掩掩。

这一事件标志着外国人在清朝传教的开创阶段宣告结束，从此以后，传教士就可以在大庭广众之下诵经布道。

然而，有一件事让传教士非常郁闷。

两次鸦片战争，大家打打杀杀结果是清朝和西方列强之间，签订大量条约，议定大量条款，唯独没有涉及外国教会到清朝传教的条款。

传教士是读书人，他们很快就找到解决问题的方案。

英国不是获得香港和五个开放口岸（广州、上海、福州、厦门和宁波）吗，传教士不是外国人吗，也就是说，他们也可以堂而皇之地从这里进入清朝帝国。

条款里不是明确允许外国人在开放口岸建立教堂吗？还有，治外法权又使得具有洋人身份的传教士不受清朝法律管辖呢！

那么，如果跑到通商口岸以外的地方，比如说内陆去传教，该如何搞定清朝地方当局呢？

传教士七找八找又找到一条，如果外国人被发现已离开通商口岸，他们只须被带到最近领事那里去就行。也就是说，不会被遣送出境，那么到内地去工作（传教，外带做点小生意，买地收租等），尽管仍然不合法，但已经没有多大危险。如果被地方官发现，无非送回来再跑回去，如此而已。

当然，不是每一个条约都十分明确地包含这些新特权，但是，聪明的传教士会立刻引用最惠国条款，使得给予某个国家的任何特权也自动地适用于他们自己。

困难似乎就这么轻而易举地解决。

不过，传教士觉得这些条件还不过瘾。法国谈判者通过努力，终于使得清朝皇帝颁布两个对他们非常有利的敕令。虽然只是对现行禁令稍微放松。

第一个发布于 1844 年 12 月，宣布不迫害忠诚地信仰基督教的清朝人。另一层意思是说，对那些假信教人，还可以迫害。谁是真信谁是假信，那没有一个标准。也就是说，清朝子民可以规规矩矩地信仰基督教，政府不去迫害你。这一下子就大大地放松传教士招收信徒的入口。

第二个发布于 1846 年 2 月，它向各省当局阐明宽容的信教新政策。你可以信教，这一块，政府不管。比如说，在诉讼时，你是不是教徒，身份都是平等的。不因为你信教，就低人一等，当然，也不会高人一等。

随即，政策又做出让步，康熙时代以来那些旧教堂，如果没有挪作他用，就归还给基督教所有。这小小条款，表面上看只是处理一些财物，而教徒们呢，却有另一番感觉——大家终于可以扬眉吐气了。

这一次，无论是那些残留下来的天主教还是新来的新教，全都华丽转身，一个个都有翻身解放做主人的感觉。白天打鼓晚上敲锣，传教活动纷纷登台亮相。天主教牧师一批批地从欧洲赶过来；1843 年至 1857 年之间，新派派来 58 名耶稣会传教士。

教会团体经过这么长久的冬眠之后，活力恢复。

那些以前建立的天主教团体，这时候纷纷举行"重新挂牌营业"仪式。一些新教区被陆续开辟出来。

19世纪40年代，天主教修女先遣团来到清朝，场面壮观，那些美丽成群的洋修女，一经踏上清朝大地，搞得清朝不信教男子汉，差不多个个一步三回头，清朝女人、孩子们一个个都睁大好奇的眼睛，大家在猜想，这是不是跟清朝尼姑差不多呢？

表面上看上去，形势一派大好，而实际上，教会合法地位仍然非常软弱，咸丰帝即位以来，种种迫害天主教的做法给人们留下深刻的印记。但不管怎样，教会走下坡路趋势已经较顺利地扭转，比起签订条约以前，内地天主教教士享有更多行动自由。

十四、传教士翻译工作与文学交流贡献

新教徒发力

新教徒与天主教情况大不相同，大家都在条约生效时来到开放口岸，天主教徒喜欢往内地跑，去看看那些还坚持战斗在第一线的内地教友，去看看那些以前留下来的教堂，想办法收回这些祖上留下来的遗产。

对于新教徒来说，内地还没有新教团体需要沟通交流，还没有新教设施需要照看。再说，人数还太少，到1858年只有81个人，即使平均分配在口岸上，每个人手里的工作还忙不过来呢。而且，在通商口岸，这里有更多人有共同语言，有某些共有认识，同化他们不是太困难。更何况，新教与天主教家庭情况完全不一样，天主教徒一人吃饱全家不饿，而新教徒拖家带口，老婆孩子齐上阵。还是通商口岸生活舒适，全家老小安全无恙。

个别新教传教士也偶尔到内地去旅行一次，顺便搞搞侦察活动，一有可能，就拿出圣经和小册子来发给周围人，如果围观人多，就张开嘴巴，用不太流利的汉语，给汉语讲得一流的内地人布道，让内地人大开眼界。

在清朝，花钱也不见得就能办成事

传教士郭施拉想出一个野心勃勃、非常复杂的计划，"从香港派出去几十个清朝信徒，让整个清帝国瞩目基督教。"他的方案，就是让这些清朝人到内地去免费散发大量宗教书籍。

郭施拉投下大量资金，印制大量书籍，又花大价钱招来一批清朝信徒。

"我给你们每一个人派发足够经费，你们用车子拉着这些书一直深入到内地，免费散发给当地的民众。我们用广告的手法，快速建立世界上最大的宗教帝国。"

郭施拉招聘来的广告书籍散发者跟他玩起老鼠戏猫游戏。这些人离开香港来到内地，立即把那些书卖给书商，带着银子钻进鸦片烟馆或妓院。那些书商将收购的书卖回给郭施拉。

郭施拉看到那些从自己手上流出去又流回来的书，哭笑不得，"纸上谈兵原来就是这么来的"。

郭施拉这一次算是弄明白，在清朝，花大价钱也不能解决一切问题。

拜上帝教对传教的负面作用力

有一件无比重要的事件，虽然前面花无数笔墨，在这里却不能不提，它是内地清朝人看到的另一种形式基督教，而这对基督教在清朝内地传播影响力实在太大。

这便是 19 世纪五六十年代震动长江中下游民众思想的太平军拜上帝教。洪秀全拜上帝教思想体系，受到新教徒著作的强烈影响。太平军两个最高精神领袖洪秀全和洪仁玕，在广州都曾经亲耳聆听过传教士教诲，深入学习过宣传读本。

太平军的精神领袖们，在拜上帝教徒中发力，激发起他们莫大的兴奋。

在传教士们眼中，洪秀全、洪仁玕完全背离新教公认精髓，哪怕是将这样的精髓压到最低限度。（比如，天父下凡一说，搞晕所有传教士。）

不论太平军在信仰、经济和政治方面有着怎样的影响力，在曾国藩理论进攻下，拜上帝教最后都失掉人心。到 19 世纪 60 年代中期，随着运动失败，它在宗教的影响力消失。

翻译工作重大成就

这个时期（19 世纪四五十年代）新教徒传教活动，发力地方之一，是他们的翻译工作。1850 年，新教传教士完成《新约全书》翻译，把《圣经》译成通俗中文版本。

虽然有些人认为传教士翻译出来的译本十分通俗，从专业角度看不够准确，但是它渊博和典雅是不容争辩的。

译者瞄准清朝读者群的兴趣和口味。这种通俗化译本正是清朝读书识字阶层所需要的。

英国圣经公会所采用的这个译本到 1859 年（约九年时间）就印刷发行十一版。直到 20 世纪 20 年代，这个译本仍在使用，可见它当时受读者欢迎的程度。

如果从文学贡献上来讲，这个时期新教徒写手，还真是狠狠地火一把。理雅各（1815—1897 年）于 1843 年来到香港便做出一个让人不能不震惊的决定，"我要把整个儒家经典著作全部译成英文！""我要让全世界其他地区之人，都来真正地了解这个伟大帝国的思想到底是什么。"

他把这项工作意义定位为：使我们具备足够关于清朝知识，从而有效地在清朝开展传教活动，不至于我们传教犹如瞎子摸象。

他是一个野心家。

这的确是使西方人了解清朝人思想的重要路径。

这个野心家的策划案得到伦敦会赞助。

钱有了，生活不成问题，翻译工作便正式开始。

《理雅各英译七经》（"四书""五经""六艺"等儒教经典著作英

文译本）已经出版一百多年，至今仍被世界各国汉学家认为是标准
译本。

十五、法国特殊保护措施

《中法条约》提供特别保护

1860 年，《中法条约》签字，这使得所有基督教徒在清朝传教地位
发生了天翻地覆的变化。

法国在清朝市场没有多少实实在在的利益。卖鸦片、卖机器、卖
军火，他们都做不过竞争对手。在这些方面，它的对手英国，那可是
威望值高，影响力大。这使得法国高层普遍有一种共识，要在清朝打
造一种精神利益（也有人称为精神鸦片），来逐步提高该国在清朝的影
响力。

从 19 世纪 40 年代开始，法国决定接过葡萄牙人手中的担子，从
政治上，承担起罗马天主教传教活动保护人角色。

担子是接过来了，要真正扮演好这一角色，可不是一件容易事。

开始时法国人有些犹豫不决。到 19 世纪 50 年代初期，情况突然
发生急转，法国国内，充当世界老大的情绪在高涨（帝国主义情绪），
在清朝，天主教士不停地向法国驻清朝公使施加压力，要法国提供更
有力的保护。

1856 年，法国政府算是逮着一个很好的借口，从此在宗教保护上
打开缺口。

1856 年 2 月 29 日，广西省判处法国传教士马赖死刑，这是违背条
约的做法。

这件事，不但给法国找到参加 1857—1860 年军事远征的法律口实，

而且当战争结束之际分配胜利果实时，法国方面，最明显的受益者之一，就是天主教传教势力。

这次传教士弄到的利益那是相当大。

中法《天津条约》（1858 年议定，1860 年批准），第十三条，白纸黑字地写着：保障天主教士在清帝国各地自由布道的权利，保护教士从事宗教活动的权利。

就连清朝臣民从事基督教活动的权利，它也明确规定要保障，不能受到任何惩罚。清朝人在自己国家干什么事，也要受外国条约来保障，你应该没有听说过吧？

不只是外国传教士，就连清朝基督徒，都从头到脚地被外国条约保护起来。

法国一位传教士，在任翻译时，于条约中文译本里，私自加进几个他认为非常重要的条款，让清朝皇帝拿去签字盖章。

从此，清朝官府必须保证不得有任何禁止天主教的措施，不得弄个借口就去逮捕天主教徒，以前没收的教会地产，教堂、学校、公墓、土地和建筑物契据等都要交给法国驻北京代表，总之，要物归原主。最为重要的一点是，允许天主教传教士在各省租赁或购买土地，并可随意在上面营造建筑物。

通过最惠国条款，新教教士也从中获得同样权益。

新旧两派传教士们现在像保护宝物一样保护着他们在条约上得到的那些非同一般的权益，并且常常逼迫本国政府通过外交途径，使这些特权一一得以实现。

1860 年以后，宗教的政治环境空前地好，使得传教"投资者"热情高涨，传教运动以前所未有的速度、规模发展起来。

天主教划片管理、团队作战模式

天主教和新教传教士之间，各自为政。

天主教毕竟是老大哥，充分发挥团队战斗精神。领军人物是教廷传信部，这是一个设在教皇国梵蒂冈的专门机构，它的工作，就是监督、协调全世界各修会、教派的活动。在清朝，传信部划定各自行政区——教皇代牧区。各个行政区领导者是教皇代牧，属于主教级别。教皇代牧区大致以清朝的省为单位，每个区委托给一个修会负责。

消除掉内耗，团队战斗力量很快显示出来。

到1870年，中华大地上，团队领导有250名欧洲神甫。15年后，上升到480名（其中主教35名），1900年达到886名。

这实在是一项巨大事业，在清朝这块神奇土地上，以更神奇的速度星罗棋布地点缀着几千座教堂、学校和慈善机构。这些机构的收益更是惊人，虽然在起步时需要来自教廷传信部和欧洲其他国家资助。

教会发展迅速，开始拥有大量的土地，在天津、上海、南京等通商口岸，已经成为当地最富有的地主。

天主教各修会之间，没有多少合作，各自为战，但是，大家服从同一个权威，信仰并宣讲同样教义，实行同样圣礼，遵守同样戒律。给外人的印象，那就是一个整体。

新教会"个性"鲜明

新教徒与天主教相比，那就不在一个级别上。

名义上，新教也可以说大家是一个团体，实际上，各个差会之间，各自为政。1905年，有六十三个单独差会，他们不只是有各自组织、各自财源，还有各自基督教真理概念。

清朝各个差会，在本国国内有各自董事会。他们制定政策，招聘（征募）并考核新候选人。董事会掌握财权、用人权与政策制定权，差会就成董事会国外经营实体。

但是有一个非常重要的例外——中华内地会，它是一个非教派组织，哪个新教差会都跟它发生关系，类似于新教差会共同的活动平台，说它是那时的"QQ群"也不为过。这个群，有一个群主，就是中华内地会在清朝的创始人戴德生，这个人实在是个领袖人物。

后来者居上

1860年前后，新教徒要深入清朝内地，跟天主教徒不一样，他们没有前辈创下的基业，一切都必须从零开始，进展很慢，虽然是新牛拉新车，但毕竟前边没有路呀。

这个关键时候，戴德生起到了带路党作用。

在他的帮助下，1877 年，在内地三个省，新教徒站稳脚跟。到1890 年时，新教徒已经遍布清朝各省。

十年以后，新教布道站达到五百个，由清朝人照管分站达到数千个。这样发展速度已超过天主教。

新教传教士发展速度同样惊人。内地开放四年，在清朝有 189 名新教传教士。十年以后（1874 年），有 436 名。到 1889 年，人数翻三倍；到 1905 年，上升到惊人的 3445 名。

吸收教徒这项工作的意义

随着人数增多，新教在清朝的产业链随之发展壮大。

新教传教士中，英国人、美国人占百分之九十。英国来的新教传教士，大多出身于中产阶级，有些人大学毕业，学士、硕士学位，这些人，不是混饭吃的水平。美国来的新教传教士，来自小城市，有的是从穷乡僻壤来到清朝冒险，但都是某个高校毕业生，并不是空手套白狼，是练好手艺才来到清朝的。在 20 世纪时，新教传教士中，差不多一半是妇女，她们也来清朝市场淘金。

无论新教、天主教，劝人入会，吸收教徒，那是所有传教士鞠躬尽瘁的终极目标和日常主要任务、主要工作。没有信徒，没有人捐款，传教士吃什么？

获取信徒的招数

为获取信徒，天主教传教士也真是用尽各种各样招数，只要能想得出来办法都用来运作，以争取更多清朝人来完成"灵魂得救"的光荣任务。

他们那些卓越的先辈们，当初来清朝，就运用学术、科学活动方法来打破清朝人抵抗，耶稣会教士也把这一方法用起来。

传教士取得了一系列学术成就。顾赛芬翻译出版字典和译著，编写关于清朝问题学术专著《汉学杂刊》（上海徐家汇出版）。

传教士发现，这些学术成就，与其说有利于清朝人接受基督教，倒不如说，更适合于使欧洲人进一步了解清朝。

通过试验、失败，再试验，传教士发现，在清朝，有几样做法，很有成效：

△ 由清朝传教士直接布道。有点类似于洋枪队做法，由洋人来做教练，用清朝人搞定清朝人。

△ 为吸食鸦片者提供戒烟所。

洋商人到清朝来卖鸦片给清朝人，洋教士又来帮清朝人戒烟。

你不是需要最好的戒烟帮手吗？那找谁呢，找我教士好啦。

△ 救济饥荒。

△ 设立大批孤儿院。

孤儿院都由修女来打理。作为天主教在清朝独具特色而且极具成就感的慈善事业，有着它的宗教根据：如果婴儿在洗礼以后不久死去，就能保证他们灵魂得到拯救。如果孤儿没死，便由修女抚养，能在基督教氛围中长大。

孤儿院接受贫苦父母亲手送来的婴儿，稍微给一点钱作为补偿。

清朝人穷，穷到什么程度呢？卖儿卖女。卖给谁呢？天主教设立的孤儿院，那儿有人给钱，虽然是个收购价。

客观地讲，孤儿实在需要人抚养，政府不设孤儿院，那就由教会来做，也是必要的。

然而，不知什么原因，对这个新奇事物，清朝人对它误会的程度越来越深。

我家孩子不见了，是不是人贩子偷去卖给外地孤儿院呢？毕竟，卖孩子给孤儿院，洋人给钱呀，虽然是个收购价，但那也是钱呀。

孤儿院那么多，我上哪一家找去？不管如何，那里面经常听到陌生孩子的啼哭声。

如此一来，孤儿院贩卖人口的标签就这样在不知不觉之中让清朝人给贴了上去。

渐渐地，孤儿院成为清朝民众排外情绪的焦点，尤其是那些失去孩子的父母，简直就要找他们拼命。

△ 1860 年，天主教士在清朝做出来另一套做法，让它自身变成一座炼渣炉。

在吸收信徒过程中，传教士们把靶标对准清朝最不守法的一群人，而且乐此不疲。

传教士当初想法，有点奇怪。他们认为通过对当地政府用上司法干涉手段，可以赢得一部分皈依者。

这种手法，的确让他们赢得一批人，一批清朝人中的人渣——作奸犯科者。然而，这群最不守法的公民，天天跑教堂，不是去向上帝祷告或忏悔自己罪孽，而是仗恃法国人架子，来做那些更具犯罪性质的勾当。而一些传教士也被他们这类人蒙在鼓里。

一来二往，不但是普通民众，官府也仇恨起洋教来。

教会学校遍地开花

△ 传教士们大办学校。

以天主教为例，比如说，江南（江苏和安徽）教皇代牧区，1878—1879 年设有 345 所男生学校，在校生达到 6222 名男学生，213 所女子学校，学生达到 2791 名。

19 世纪最后几年，江南天主教学生总数已达到一万六千名。

有培养本地牧师的神学院，培训妇女的神学校，讲课用中文，学校宗旨是为强化学生基督教信仰。很少有教师介绍西方非宗教知识。

到 1900 年，教士们在清朝做出的成绩，真正让人震惊，天主教徒达到 70 万人，本地牧师达到 500 人。

信徒在清朝变成外星人

随着入教人数越来越多，洋教士要求清朝人放弃"异教徒"全部宗教信仰和习俗，尤其要放弃祖先崇拜，搞得清朝人不加入不行，加入更不行。

还有一些事，也让清朝人受不了。教会不许信徒贩卖鸦片，也不许教徒吸食鸦片烟。今天我们看来实在是件大好事，而在当时清朝人看来，实在是受不了。

不卖鸦片，那就断财路，不吸鸦片，那就过不了日子。这样下去，作为人来说，连享受生活的权利都被剥夺。

还有就是不许信徒参加民间节日，如初一拜年，十五看花灯、闹元宵。这些是渗入清朝人骨子里的精神营养，现在洋教却要信徒一一把它给掐掉，清朝人无论如何都感觉不好受。

而在非基督教信徒邻居们看来，那些信教邻居，实在是一群无法理解的怪人。

还有星期日要休息（这一天时间要用来礼拜上帝，不准工作，医生们在这一天也不准给病人看病），要男人不纳妾。

这些打破人们日常习惯的做法，让教徒处在一个与世隔绝、其他人无法理解的孤立世界。

这些被吸纳进来的信徒，差不多完全来自清朝最不幸的阶级。跟那些出家去做和尚、尼姑的人的不幸差不多，他们往往是感情受到强烈伤害，或是家破人亡，或是生意破产，借债无门，才不得不到教会那里寻找精神寄托甚至去得到一碗施舍粥喝。

在教会信徒中，充满失去土地的贫苦农民、破产无靠的小店主，天天在外面跑生意零售商（货郎）和流浪汉。他们是命运最苦楚的阶层。只有这样的人，才宁可放弃清朝生活的许多特征，到教会那里去寻找灵魂安慰。

西方人基督信仰那是祖传，就像清朝人祖传祖宗崇拜一样，动机完全不同。西方人基督信仰是骨子里，清朝人基督信仰是半路出家，完全是不一样的。洋传教士要搞定清朝这帮人，让他们真诚地丢掉祖宗而去信仰上帝，绝不是三五年工夫就能达到的。

完整无烟产业链体系

与天主教采用的学术方法不同，新教徒没有去组织写手动手编写书籍或出版杂志，而是直接采用面对面宣讲方式。

通过中华内地会，新教洋传教士常常派出清朝本土传教士去新区域做准备工作。

这样的准备工作，不是三五个月就能搞定，往往要长达三五年时间。

准备工作完成后，也就是有一些信众之后，才能建成需要外国传教士巡回监管的牧区。

这时，洋传教士跟着就来。

他们一来，立即动手做三件事。

一是讲道，二是卖书，三是有这些卖书的经费之后，就开始搜集这些地区的情报。比如说，上下打点打点，弄弄人脉关系；看看哪一个街区热闹，便于布置教堂，哪一块铺面可能租过来开医院、孤儿院或学校。哪一间房子可以租来做布道站。

人脉有了，地块看好，这下就可以动手搞建筑或装修。

有些地方，租过来装修成讲道堂，或者布置成街道礼拜堂，有些地方，将地皮买过来，建一座教堂（成为当地标志性建筑物），建大量学校，建教士住宅或佣工住房，可能的话，还会建一座教会医院。

你要问，这些大笔投资，钱从哪里来？投资建医院、建学校、建教堂，后面总是跟着一群投资商人，那实在是赚钱买卖。

在 1860 年以后，新教传教士特别卖力地做起教育和医疗事业。

其中有鬼

新教传教士又是办讲道堂，又是建教堂，又是办医院，还办学校，帮着人们戒烟，表面上看来，忙得昏天黑地，而实际效果实在不好。与天主教相比，新教传教士团体那是一个大，而他们在清朝弄到手的，受过洗礼清朝新教徒，总数却只有约 10 万人（此时，天主教徒过 70 万人）。授予圣职主持宗教仪式清朝牧师也只有 250 人，不到天主教一半（500 人）。这实在让人大跌眼镜。

不就是做法不一样吗，咋就相差这么大呢？

除了做法不一样，还有主张也大不一样。

例如为婴儿举行洗礼仪式（清朝农村，在孩子出生第三天，叫三朝节，婴儿是要以清朝传统方式洗个澡），天主教徒非常看重，而新教徒对这种做法却不以为然。再比如，对于领受圣餐者，新教传教士要求严格，身份不达标，决不给你吃那么一碗饭，而天主教徒却不以为然。

但是，有一点完全相同，在清朝，无论是新教徒还是天主教徒，社会地位，都是一样低。

这实在让西方传教士非常郁闷。因为同样在东方，在日本，情况却完全相反。

在明治时代日本，皈依新教人群中，武士占百分之三十（日本武士，相当于清朝士大夫阶层）。在日本精神生活中，基督教精神、基督教徒起着主要作用。

基督教讲求人与人之间、人与上帝之间诚信，与儒教讲求人与人之间注重礼节、礼尚往来，完全不一样。诚信，更加适合资本社会精神需求，"礼"却要求人们放弃功利，追求礼仪形式与和谐共生。

与日本相反，在清朝，有教养教徒在全体人数之中占比，实在微不足道。

在日本，像基督教教育家新岛让（1843—1890年）或"无教会"运动创始人内村鉴三（1861—1930年），这样一些有才干的宗教领袖，他们充斥在国家高层；而在清朝，任何地方、任何社会高层，都找不到这类人的身影。

清朝出现这种情况，并不是洋教士对这个问题关心不够。有些传教士，例如李提摩太（1845—1919年）、丁韪良（1827—1916年）和尚贤堂创始人李佳白（1857—1927年），都特别强调、努力深入有教养名流中去，不仅在那里生活，还在社会高层寻找发展对象。

大家努力的结果咋样呢？下面举个例子。

许多新教徒，就看上清朝科举考试人才集中机会，利用科举赶考机会来做免费散发基督教宗教书籍重大宣传工作。

本指望通过这个大好宣传时机，做成一两单生意，哪知，在向举子们散发宗教书籍时，传教士没有挨打受伤就已经算是万幸，传教士因此被举子们打得鼻青脸肿，甚至头破血流、皮开肉绽，也是常有的事。

即使像丁韪良，当上同文馆教务长官，事前也必须签订一份合同——不得宣传洋教。

在跟清朝上流社会人士交流时，洋教士也不得不采用世俗语言向清朝名流显要显示他们的思想，而不能用宗教语言。

丁韪良宗教讲词，在日本影响力度远远超过清朝。

清朝受教育者，本应该是能理性地理解基督精神的社会群体，然而，对基督教，他们却普遍反应冷淡，这到底是为什么呢？

十六、拒收礼品为哪般？

19世纪中叶，西洋商人不远万里来到清朝，他们带着鸦片、洋布、洋油、洋钉、洋火，来清朝赚大钱。

西洋外交官也来了，他们跟着军官一起跑到清朝来。外交官来到清朝，只为两样东西：第一，谋求特权，第二，促使清朝政府退让一步，再退让一步。

在这些来清朝的外国人之中，唯有一类人相反，他们万里迢迢来到清朝，是忙着为清朝人送礼品来，他们打着旗帜是为清朝人的利益效劳，他们说，是为着帮助清朝人拯救灵魂。

别人是为获得清朝人利益，他们大声地喊着，是要给予清朝人利益。

然而，清朝人的表现却不可思议，在对待那些来清朝冒险的洋人中，唯独传教士引起清朝人最大的恐惧和仇恨。

为什么呢？

传教士一再努力地做各项工作，归结到底就是从根本上改变清朝文化。传教士认为，只有彻底改变清朝文化，才能符合清朝人民的根本利益。

天主教徒和新教徒全都有这种信念。他们的区别，仅仅在于达到这一目标的策略不同而已。

他们的共同目标，就是使庞大而古老的清朝完全皈依基督教、天主教。

无论是新教传教士还是天主教传教士，他们努力奋斗，再努力奋斗，回头一看，发现自己居然处于一种令人绝望的矛盾之中：传教士不能容忍清朝文化，却决不能够对它进行任何有实质进展的改造。

△ 夜以继日，他们乐此不倦地布道。为信仰奋战，甚至把迅速赚钱的项目置于次要地位。

△ 就像一位要求严格的父亲对待一位懵懂孩子那样，传教士对清朝文化要求特别苛刻。然而，在清朝人看来，洋教士居然公然反对祖先崇祀！结果总是南辕北辙。

只有一些新教徒，能够容忍，甚至欣赏清朝文化，他们认为自己不是来破坏清朝文化，而是来完善清朝文化。

对清朝文化动手又动脚的传教士，正是那些极力主张必须对清朝生活方式进行大整大改的人。

一些传教士集中力量抨击清朝古老制度！

一些传教士集中力量着手在清朝建立新制度！

两者的努力结果，都是一样的——他们越使劲，越让更多清朝人觉得受到前所未有的威胁——因为，所有传教士都在做一件事：向传统文化提出挑战。

十七、传教事业与旧制度艰难抗争

清朝传教环境真的很恶劣吗？

19世纪中叶兴起太平军，为清朝人广泛接受另类形式洋教——拜上帝教提供了一种可能，然而，它的失败，导致这种可能被灭杀。

而且，不只是机会被灭杀，对于洋教传教士来说，更麻烦、更痛苦，更让人不能接受的事还在后头。

一朝被蛇咬，十年怕井绳。这句话就像一句魔咒一样，紧紧地纠缠着这些从国外来的洋传教士。

镇压太平天国的过程，同时也是清朝正统儒教以战斗激情扑灭西方宗教（拜上帝教）在清朝腹地传播的过程。

正统派反洋教的热情就这样随着战斗胜利、失败、失败、胜利而一次次被强化加深，使后来真正洋教要想在清朝这块产生过抗性的机体上扎根，就变得异常困难。

通过传教士一再努力战斗，清朝终于有那么一些打上洋教标志信徒。然而，他们这些人是些什么身份呢？

他们限于且仅限于贫苦农民和市民，犯罪分子和其他声名狼藉之人，以及通商口岸穷得无立锥之地的人。

对于清朝绝大多数人来说，洋教对他们而言，不仅号召力为零，而且因太平军拜上帝教被剿灭而被看成明显威胁。

在不同社会阶层，他们对洋教，有的消极抵抗，有的积极抵制，种种不同形式、五花八门抵抗，真是各尽其能，各显其招。

在清朝，异端遭受的待遇

在清朝，反洋教思想有相当深厚的历史传承。时间之长、反抗之烈之深，差不多沉淀成清朝文化的一部分。

在洋教还没有传入清朝以前，清朝人就已经有一套专业词汇来称呼它。

对那些思想上具有一致性，道义上纯净，政治上稳定，行动上构成威胁的教义或行为，历史上清朝古人给他们起了"美名"：异端、邪说、旁门左道。它们与正统、王道概念恰恰相反。

西方传统中，也有一个固定词——"异端"，它和"正统"相对。东西方之间，在这一点上，是多么类似。

当古代清朝人用"异端"这个词来形容它时，说明它还只是具有造反潜质（潜在可能性），它还只是处于软弱无力状态，官方还可以容忍它存续。

但是，一旦他们与任何可疑活动、可疑高层人物牵扯在一起，或者这群人表现出有可能取得独立政权的迹象，它便要被官方无情地扑灭，甚至动用文人学者来口诛笔伐，动用警察特务和监狱，甚至动用军队。

文学上的一场械斗

清初，官吏杨光先（1597—1669 年）出版了一本著作，掀起文学上反对洋教的轩然大波。

这个大波浪起点，不是文学争论，而是权利争夺战。

杨光先在朝中性格暴戾，路见不平一声吼。有一段时间，他突然发现，有个很好的办法，可以迅速提升自己知名度，让自己一夜成名，让别人唯自己马首是瞻，那就是狠狠地抓住一个没啥背景而权势地位却高高在上的人，狠狠地踩他，这样一来，自己就由绵羊变成人见人怕的老虎。

他找准的这个人是从西方来的汤若望（1591—1666 年）。这人是耶稣会士、天文学家，却在京城里掌管着权力，而这个权，正是杨光先看中的。

"你从西方来，在朝里没有什么背景，那就从你这里下笔。"

杨光先心想，这个洋人在没有背景的情况下，能掌管钦天监，爬到这么高位置，一准是有着上知天文下晓地理的本领。对这样一个人，那也不是说动手摇动他就能撼动得了，那我有必要策划一整套砸烂对手的方案。

杨光先开启方案第一步。在朝臣中，先掀起一股强烈仇外情绪。"不针对你个人，不一上来就搞突出主题活动，先烘托背景，制造条件"。

这项工作进行得卓有成效。这是一个烟幕弹，包括天天观察天像的汤若望，也没有能够及时发现对方苗头居然是对准自己。毕竟，杨光先弄仇外情绪，那外国概念可是大着呢，不一定就针对的是汤若望。

第二步，杨光先着手搞自封活动，自封为西方宗教反对者。

活动内容很丰富，他动起笔来夜以继日地写抨击汤若望的文章，重点抨击汤若望特殊身份：洋教徒。

要写出有分量的抨击文章，不是一件容易事，杨光先首先研究洋教。研究角度与别人不一样，专门给洋教找茬。

研究终于有结果，1665 年，杨光先把这方面文章编成一本书，起个有创意书名《不得已》。

《不得已》写得实在太有感召力，以致不停地再版。

杨光先粉丝越来越多，成为 19 世纪反洋教跨世纪英雄。

注意一下，他生活年代是 17 世纪。

为什么在百年之后，他居然还能走红？

简短为一句话，他对于西方传教渗透问题流露出来那种心急如焚的感受，他高声呐喊时释放出来的强烈情感，十分切合清朝人的心态。

清朝机体对洋教产生强大抗性

1724 年，雍正皇帝对洋教下达一道禁令。

他把洋教作为邪恶宗教载入清代法典。这样一来，只要清王朝还在统治清朝江山，洋教在清朝，那就永远没有抬头的日子。

雍正大概是觉得这还不过瘾，在同一年颁布《圣谕》中，亲自动手，做一番详细批注。从那之后，在天下人心目中，洋教便与最恐怖的秘密会社白莲教紧紧地联系起来。

雍正百年之后，当太平军将洋教教义与自己思想完全绑定时，清朝人，从上到下，自然而然地认为，这洋教确实是个危险品。在清朝，终于彻底认定：洋教具有巨大社会危害性。

清朝这个机体，对洋教侵入的强大抗性就这样产生。

清朝人洋教恐慌情结

虽然签《中法条约》，而且在 1870 年版《清朝律》（清朝法典）中，将禁止洋教条款——删去；虽然经教士声嘶力竭地跟太平军拜上帝会撇清关系，但是，面对清朝人数百年来积淀下来心理防火墙，传教士梦想根除清朝人特有抗性的想法几乎是不可能达到。

即使通过国际条约洋教被官方合法化之后，清朝人私下还是非常顽固地将它看作异端，而且看作有组织的政治异端，看作颠覆政府、颠覆人心的社会异端。

1860 年之前，普通人对洋教比较宽容，后来当它伴随着鸦片、战争赔款、洋货一起进入清朝时，清朝人以前那种宽容心态彻底消失。

无论是官府，还是小老百姓，最怕异端思想和社会力量相结合，形成无法控制的混乱局面。

1860 年以后，清朝人面对洋教带来系统工程一般社会形态、伦理观念、道德理念和异样文明，以及与之相呼应的越来越高涨的政治势力、社会力量。

洋教势力，从地方到中央，从百姓到官府，一天天地在清朝人面前，以空前迅猛的势头增大起来。

这能不叫清朝人担忧、焦虑甚至恐惧、害怕吗？

打破抗性条件：平衡论

正是在这种强烈抗性作用下，1900 年，外国传教士和清朝全体居民比率，还不到十万分之一。

可以看出，清朝人对洋宗教抗性强劲有力。然而，这种抗性存在却是有条件的，一旦它的条件被打破，这种抗性就会消失。

正如机体对外界侵入物抗性，是有条件一样，中医称这种条件叫阴阳平衡。一旦这种平衡被打破，机体就会生病。而打破平衡可能性，实在是太多，风吹、雨淋、太疲劳，情绪太激动，心力交瘁，如是等等。

清朝社会政治、宗教、军事、经济各方面力量目前保持着某种平衡性，然而，这种平衡性非常脆弱，它能够被如此少的传教士和清朝

十八、向士绅下黑手

士绅阶层傲慢与偏见

传教士要破除清朝机体对洋教抗性，该从哪里下手呢？

条约已签，洋教宣传合法化，这只能说，官府这堵防火墙已被拆除。

一个更恐怖的防御系统，已经无情凸现在传教士面前。

主宰清朝社会的是上流社会集团，具体说，是清朝士绅阶层。

比起其他任何社会阶层而言，士绅阶层与清朝文化之间，真正达到水乳交融高级境界。正是他们，牢固地坚守一个信念：清朝是地球村里一切文明的中心。

从孩提时候起，清朝读书人，就接受儒家传统教育，一步步建立起自己的价值观评价体系。他们社会的地位，声望，他们的一举一动，都与传统价值观体系相呼应。

古老儒教受到外来洋教攻击，首当其冲就是士绅阶级，从思想观念到社会地位、经济利益，都一并受损伤。

相互不理解

传教士攻击清朝人个个迷信，迷信用烂泥巴、颜料、麻布、干燥木头等混合物塑成的偶像。清朝人这种缺乏科学依据的做法，欧洲人感到不可思议。

看到清朝私塾学校里摆放木雕或泥塑孔圣人像，看到从老师到学生每日里烧香跪拜的情景，传教士觉得清朝知识分子太搞笑。"清朝知识分子都没有科学知识，朝着一个木牌子跪拜，实在太让人不可思议"。

清朝人对传教士钟爱的那些信仰，对圣经里那些清朝人认为是传记小说一般的耶和华故事，从来就不认为那是真实可信的，"百分之百忽悠人"。

清朝士绅阶层与西方传教士之间，激烈思想交锋总是在不同地点、不同时间、不同场合发生着。

没有无缘无故的爱，也没有无缘无故的恨。

十九、招致民众厌恶

洋教士的理想世界

传教士认为，清朝有教养阶层对基督某些敌意可以理解，毕竟，我们办医院、办学校，在抢他们饭碗。

与这些人比较起来，清朝没有文化阶层，那些人数量实在是多得惊人，法国、英国、德国人数加起来，都没有清朝多。

"这个阶层的人，心地洁净得像张白纸，想怎么写，就怎么写，想如何画，就如何画。"在传教士眼中，"这群人心地安定，没有什么过高要求，有饭吃有衣穿有房住，有酒喝有肉吃，也就差不多。过上好一点日子，就相当不错，心满意足；他们有可塑性，他们完全能够接受洋教洋信仰。"

传教士杨笃信来到清朝，做一番市场考察之后，对清朝洋教市场前景和发展空间充满信心，兴致勃勃地在自己文章里写道：

● 总体来说，这些人不仅态度温和、工作勤劳，而且他们不怀恶意。

● 这些人没有必要去招惹外国人，而且他们从来也不去招惹外国人，除非他们上司故意从中挑起敌意，散布仇恨种子。

● 或许他们没有想过还有可能有这样的机会跟外国人交往。如果有人说，他们对我们怀有敌意，那样论调与实际情况也远得离谱。

总而言之，对清朝数量巨大的底层民众，洋教士们态度乐观。

然而，实际情况，比传教士们通过肤浅考察和理论推断得出的结论更复杂，甚至会让他们失望、痛苦、烦躁不安。

敌视是有原因的

传教士看到一个普遍现实，大多数皈依者确实来自老百姓。多数老百姓除喜欢看新奇外，并不想与外来宗教有关联，不想因此给自己招来麻烦。

有一个事实，洋教士想视而不见，恐怕不行。19 世纪最后几十年，老百姓公然敌视传教士，公然与清朝皈依者采取敌对行动。

老百姓为什么害怕外国人，为什么敌视外国人？

19 世纪 60 年代初期，湘赣地区许多人分不清天主教和太平军拜上帝教之间有什么区别，因而就把它们等同起来。老百姓认为天主教传教士所做的工作，明地里为叛乱分子宣传，暗地里同叛乱分子勾结。

因为湖南、江西这些地方，经历过太平军与清军长期战争，正是那些血淋淋的战争，那些惨痛的教训，给这里人们留下长久难以磨灭的印象，导致人们对于天主教容易产生畏惧心理。

肆无忌惮的信徒

1860 年以后，许多民众对洋教的不满，不是基督教、天主教本身引发，而是清朝教徒傲慢做派和行为引发。

一些清朝教徒像洋人那样穿西装，丢掉清朝人长袍马褂，这样的行为，让清朝人看不习惯，骂他们为假洋鬼子。

一些教徒坐着轿子招摇过市，普通百姓看不惯教徒这样的做派，先是妒忌，然后是愤恨，最后是谩骂。

教徒因为受到教堂庇护，在衙门诉讼时，有人擅自闯入公堂，公然不向官员下跪。

种种做法，在清朝百姓眼中，就是无法无天的行为，没有人能看得惯。

一些心怀鬼胎的人，看到教会势力在民众面前、在官府面前、在士绅面前如此强势，纷纷加入教会。对这些人渣来说，正好找一个大树来庇护他们生意——敲诈、勒索、拒不纳税，如此等等。

这一批人得势。教会势力表面上扩大，实质上，在平民百姓心中，教会原有分量正在一点点地流失。

纵容教徒为非作歹

教会发展越来越偏离应有轨道。在城市里，一些生意人，面对竞争对手挑战，不再考虑如何改进服务质量或改进商品品质，而是在考虑如何进入教会，利用、依仗教会支持和庇护，同非洋教徒对手打官司。用这种阴招，把竞争对手打趴下去。

看到这种情况，传教士本来应该立刻上前加以制止，可是，令人不可思议的一幕出现：传教士们在纵容，甚至鼓励这种缺德行为。

只能说传教士赚钱赚上瘾，招信徒招上瘾。传教士遇到这种情况时，往往迅速动手，利用治外法权，对衙门官员施加相当大的影响力，结果使官员们不得不作出偏袒基督徒裁决。非基督徒因此受到压制，在传教士干扰下，是非开始颠倒。

事情发展一发不可收拾，莠民成批地跑到教会里来，他们纷纷攀附教会，这样一来，清朝教徒和普通清朝人之间的摩擦，进一步加剧、升温。它要达到沸点，那也就只要某个条件。

无缘无故人也要平均摊派赔款与关联费用

要是说，教会只不过保护缺德人做缺德事，那也就罢了，因为受害者总是个别人。

要是说，部分教徒只不过是一群破坏社会习俗的人渣，天天在大街上显摆显摆，穿个西装、坐个轿子，人不人鬼不鬼，那也就算了。反正，你搞你那一套，我关起门来睡我的觉。

现在麻烦是，你不找教会，教会找你，找上你家门，要你平白无故地为教会掏钱。

在清朝天底下，自从四处冒出这些洋教士，自从教会信徒越来越多之后，会时不时出现反洋教暴乱，这些打打闹闹场面有时并不大，而且，最后往往交到官府结案。

该杀头者杀头之后，还有一样东西，需要大家一起来承担，那就是教会要求赔偿。

你们这些人，砸我教堂里财物，要赔；砸我医院，砸时候快活吧，对不起，现在要你们一并赔；还砸我们学校、孤儿院，砍伤我们教士、信徒……，反正，该算账要算清楚，总之，赔吧。

找不到当初动手搞打砸抢之人，是吧？

这容易办，叫该地区所有人，家家户户平均分摊就是。反正我要的是赔款，至于是谁赔的，那是你们官府之事。

非教会平民常常必须支付传教士强行勒索的赔款，非教会平民，那些大门不出，二门不迈的平民，也不得不掏冤枉钱，而且有冤也无处申。那些教堂，当地官府也奈他们不何，何况平民百姓，除了骂他们，只能乖乖地掏钱。

比起赔款来，下面捐款，更让非教徒平民气得吐血。

洋教会时不时弄出一套"敬神"节日，在这样节日会举行一些仪式，当然少不了花费。这个时候，如果信徒由于这样或那样原因没有捐款，洋教会就会利用自己的强势，强迫非教徒平民分摊相应费用。

洋教会这种弄钱玩法，让平民百姓中本来只是偶尔发作的愤懑情绪变成司空见惯的怒火。对于那些挣扎在死亡线上的贫苦人来说，增摊费用也成为他们沉重的经济负担。

对传统"迷信"活动蓄意破坏

百姓的怒火就这样多次被点燃。

这些星星之火变成一场大火，只是需要一堆干柴而已。

偏偏就有传教士在这些火星旁边肆意堆放柴草。

这些柴草来源于清朝民间习俗，用传教士的话说，那叫"迷信"。

清朝人认为，自己一天幸福、一年幸福、一辈子幸福都来源于一个地方：神灵保佑。因此，盖房子时要看风水，这是决定一家子幸福的地方；人死埋葬时也要看风水，这能决定下一代未来是否幸福，如果能埋在一块带有王气或灵气的土地里，将来子孙之中，就有可能出个王侯将相。这样的神灵，绝对不允许任何人冒犯。

可是传教士偏偏不信这一套。

不信也没关系，也没有哪个清朝人要为此去为难传教士。但是，传教士却经常在这方面为难清朝人。

传教士要建立教堂、医院、学校、孤儿院等，自己不看风水也就罢了，在高度、地势或方位上，故意无视当地风水习俗。

特别是他们教堂，又尖又高，建在别人家正门口，清朝人就受不了。洋人们建好教堂，在自己家里美美地睡觉，而那些认为被破坏风水人家，坚决不干，又没有办法，就只好天天在教堂门口来骂。

农田里最需要雨水，然而却时不时出现长时间干旱，这样情形之下，清朝民间就要举行盛大、隆重的求雨活动，而且有时官府老爷带头求雨。

家家都靠天收，如果老天爷一直就那么干旱下去，如何得了。无论是谁，无论当官还是百姓，无论富人还是穷人，都把求雨看作比命还重要的大事，对龙王爷无不极度虔诚。就怕得罪龙王爷，他老人家要是降罪，不是旱死你，就是涝死你。

在这样节骨眼儿上，就有两伙人例外。一是洋教士，二是清朝教徒。在严重干旱季节，他们拒不参加求雨典礼。这些动作，对于清朝人心目中龙王爷来说，那是最大不敬。那些不信教的民众，一个个都气得头发丛里冒烟。

干柴再一次放在有火星的地方。

二十、矛盾日益尖锐

承诺人不见得是执行人

1860 年以后，北京那边向洋人给出承诺会严格遵守签订新条约。

在清朝，皇帝答应是一回事，地方当局执行，又是另一回事。

执行承诺不是北京，而恰恰是地方当局。

显然，北京承诺实现条件只要一个：地方当局真诚合作。然而，地方当局恰恰在"真诚"这两个字上出问题。

在清朝办事，一定要记住一句话：县官不如现管。

如果把县官看作现管，恐怕就有可能出纰漏。

清朝官员另一座靠山

清朝官员任职地点，有严格规定：不得在本乡本土任职，一定要任职于异乡异土。

在一个陌生地方当官，要想自己说话算数，就要与当地有钱有势人紧密勾结。依靠当地士绅阶级，与他们积极合作。这一做法专业术语叫借势。

地方上士绅在当地已经成势，你是新来的，就借一借他们的势吧。

有借有还，再借不难。有借不还，再想借，就借不到。

地方士绅与洋教士之间闹矛盾，地方官员想公然无视，基本上是不可能，除非冒着毁掉自己仕途的风险。

清朝地方官府成洋人保险公司

强龙压不过地头蛇。

对于地方上士绅势力，地方官总是畏惧三分。毕竟，他们是当地地头蛇。

洋人传教士，就像一条条洋龙，他们的着力点是自己经济利益，依仗的是他们的治外法权。

只要是自己权益受损害，财产遭到破坏，传教士啥人都不找，也懒得去找那位动手搞打砸抢的人，更懒得跟那类人打官司，而是直接找官府，找官老爷赔钱，从清朝官府得到赔偿。

清朝地方官府，成为洋教士不用交保险费的保险公司。直接就找官方理赔，平时保险费都省了交呢。

传教士很喜欢用这个权力，以致滥用起来。因为这个权力有一举两得的功效，不只是金钱上得到赔偿，而且在地方上也抖抖他们的威风。

这个权力用起来如此之爽，以致天主教士常常为所受损失要求过多赔偿。在 1863 年和 1869 年间，仅在四川省，天主教就从官府那里获得二十六万两银子赔款。

19 世纪 60 年代开始，天主教徒个个都在挖空心思想办法，既然条约中规定归还以前被没收的教堂财产，那么……

方济会神父想出办法，除那些财产，还要求偿还一百年期间应该征收的房租和地租。

天主教士想到更多弄钱的办法。把那些用公款建筑起来、具有宗教象征意义的建筑物，只要它们在反教骚乱中，多少受点损失，那就拿过来，一起要求赔偿。

地方官要是不给钱，"不听话，是吧？那就让你尝尝厉害！"传教士立即催迫本国公使馆，设法调走抱有敌意的地方官。

传教士这么搞一搞"调动"游戏，清朝地方官直呼："洋教士得罪不起。"

两面派手法

县官审理一起案件，刚刚有些眉目，突然一位洋教士不请自来，说是咋咋，有时硬是要颠倒黑白。这就叫地方官左右为难。听他的，得罪自己治下民众，更重要的是还可能得罪地方士绅；不听他，得罪洋人。两方都伤不起。

一些地方官，努力地想，多少找出一些对付洋传教士的办法来。

要是地方上搞反教事件，地方官就偷偷地放手，让士绅搞宣传、搞组织，搞活动。"你们就使劲搞吧，我尽可能地保护你们，最好是搞跑这些洋人。"

官员们在行动上十分谨慎小心。

省级、县级地方官员们常常玩两面派游戏：一面暗中放手让士绅跟洋教士较量，一面注意着自己扮演的角色，不能伤到自己。

晚清官场最难考题

在中央政府一级，更加小心谨慎。

这些反教事件，千万不能引起列强动用武力。如果处理不当，列强动用武力，完全有可能，这些事决不能当作儿戏。

对办事不力的地方官，对反教士绅，也不能一味地打压。如果因此激起民变，更加得不偿失。任何事都要讲求成本，把本钱输光，就太划不来。

皇帝已经答应洋人，会一五一十地履行新条约的条款。办事官员们发现，执行这个承诺，就是一个自己拆台、自挖坟墓行为。如果严格地执行，则毁地方官员权威，叫下面官员如何治理百姓；如果不执行，敷衍洋鬼子，则可能引发战争，最终损害的不还是自己皇家利益与权威吗？

这就是考验晚清官员的官场，在这里成长、升迁，真是不容易。

第四章

东西方交流之路何其长

二十一、堂堂第一任出国大使竟是洋人小秘书

同治五年（1866 年）时，总税务司赫德为清朝做军火生意越做越大，容闳为江南制造局到美国采购工作母机，越来越上路；教会学校，比如上海芳济书院，像雨后春笋般一一设立起来；香港汇丰银行也正在上海忙着选址招聘，准备来开设分行。

从军事到政治，从宗教到经济，从官方到民间，清朝与外国交流越来越频繁。外国政府一而再再而三催促清朝派遣驻外使节，处理外交方面事务。

这可是清朝从来没有过的事，历朝历代，都是外国国王派出他们的使节到清朝来朝贡，而现在要清朝派使节到外国去，由于没有先例可援，这事在朝廷里讨论来讨论去，形成久议不决的局面。

不派使节出国，看来是不行的。如果像郑和下西洋那样大大地显摆一下清朝威风，已经没有那个财力了。

正当大家都束手无策时，赫德听到其中隐情。

当他看出其中奥秘之时，迅速拿出一套解决这种清朝式难题的方案。

赫德提议，先派出非大臣级政府人员到外国去访问，由外国给予国宾级待遇。这样一来，清朝人面子问题就能解决。

果然，赫德的方案一提出，皇帝立即同意这一做法。

接下来的事，就是落实这趟差使的人选。

总理衙门挑选来挑选去，最后落到总税务司秘书斌椿身上（替赫德办理文案，相当于文字秘书职务）。

斌椿是汉军旗人（曹雪芹也是汉军旗人，应该算是同一族），当过一任知县，现在，由于出国需要，临时拔擢三品顶戴（连升三品）。

在清朝人看来，派出政府部门小小文书到国外去跟人家皇帝聊天，是给自己挣得大大的面子；而在列强看来，清朝也实在不咋的，烂泥糊不上墙。清朝人丢脸丢到家。

朝廷里王公大臣并不少，然而，就王公大臣自身来说，对进入"夷狄之邦"这样的事，根本不屑一顾。不仅如此，对于与洋人打交道的外交工作来说，没有一个是内行，个个都是外行；况且，谁也不愿意去尝试跟洋人打交道，在大臣们看来，与洋人打过交道的同事，从林则徐开始，就没有一位吃过好果子。

平时，要是派出一个钦差大臣，去办理外交之事，大臣们一定会在朝堂上议论得口干舌燥，唯独出国当大使这件事情上，几乎所有大臣都出乎意料地一致同意这个人选，其中有一个很直接的原因是怕死。因为出国必坐船，而且是海船。海里有一样东西，大家不要忘记，那叫浪。无风三尺浪，有风浪三丈。风浪交加时，大海上行船，一定晃动得厉害，因此，没有出过海的人，第一次坐船必定晕船，那滋味绝不是花甲之年的大臣能够经受得起的。（派使之议既定，顾华人入海船，总苦眩晕，无敢应者，斌椿年已周甲，独慨然愿往。）

斌椿来到欧洲，公费出使游历十几个国家，往返近九万里。

回国之后，写作出版相关著作，详细描述"各国君臣，无不殷勤延接，宴会无虚日"美好感受，不但吃尽山珍海味，而且饱览无数山川文物。

阅读斌椿书中描述，大臣们对出使海外无不改变先前看法，这才搞清楚，那实在是美，垂涎三尺。

一个文字秘书，能当国家大使，周游列国，引得天下读书人浮想联翩。大家都想看看他的著述，从中一探究竟。

李善兰是他的好朋友，亲手为这本书写序言，起到推波助澜的作用。李善兰大动豪情，笔墨一泼，写道，"举天下之人，其足迹有不出一郡者矣，有不出一邑者矣，甚至有终身不出里巷者矣。茫茫禹迹，能遍历者，有几人哉？又况九州之外，数万里之遥，隔以大海，巨浪如山，有望洋兴叹者矣。即曰不畏风暴，视险若夷，而中外限隔，例禁甚严，苟无使命，虽怀壮志，徒劳梦想矣！故曰：游必有福"。

作为同文馆教习、著名数学家，李善兰对斌椿能有机会出国游历，非常羡慕。他的序言，表达了当时众多知识分子的共有心声。

清朝许多知识分子认为自己怀才不遇，壮志难酬，对闭塞现状，表现出强烈不满。

洋大人任出国大使

又过几年，国内战争已经平息，大家都似乎可以静下心来，过一段好日子。

"清朝当初打太平军、剿灭捻军时，你请列强诸国帮忙，现在，战争也结束，仗也帮你打胜，虽然你目前谈不上过好日子，但是，总应该论功行赏吧。"

慈禧也很无赖。当初剿匪时，令手下人叫洋军帮忙，搞得所有帮忙人，对着这笔超大的单子，一个个激动得热泪盈眶。现在仗打完，慈禧自己躲在宫里，好像把这些帮忙的人完全忘记了。

列强决定用无赖办法对付无赖。你无赖，我比你更无赖，赤脚还怕你穿鞋不成？你不搞论功行赏，是吧？那我要到你家里来索要。

列强索要酬谢很简单，那就是改订商约，一句话，原有商约不过瘾，你现在必须改订。

躲得了和尚躲不了庙，形势越来越紧，再不派使团出国谈判是不行的。对朝廷来说，找个合适人选又成头等大事。

斌椿出国之后，虽然称各国对他"礼待有加"，同时，他又带回一个重要信息，欧洲国家对三品衔任国使的做法很有意见。

于是大家在满朝文武中寻找合适人选，找来找去，居然发现找不出合适人选。

这如何是好？

同治六年（1867年），美国驻华大使蒲安臣（洋人给自己取的中文名）退休，准备回家养老。

赫德一直在关注清朝派遣使团的事，得知清朝顶层又在犯清朝式困惑，心中想着，上次我献一计，皇帝采纳我的方案。一计不可二用，那么，我再献一计，此计非彼计。

赫德使出三寸不烂之舌，为策划案在大臣之间游说。

皇帝看了大臣的奏折，这一次又采纳赫德方案。"由总理衙门出面，高薪聘请蒲安臣为清朝大使，出使美、英、法、普（普鲁士）、俄。同时，给他派两名副使，满汉各一。"

三人接到皇帝圣旨，迅速做出决定，"先行到美国，去看看蒲安臣老家"。

为让清朝这位新主人感到满意，让新主人对他放心，放手让他工作，这位深知清朝官场潜规则的蒲安臣，在嘴巴上抹蜜，编一套叫太和殿里听着舒服的话。

当时，西方国家对清朝的舆论都是负面的，尽是非常难听的话，说清朝开倒车，不能与时俱进，只有退步，没有前途。

蒲安臣抓住这一点大做文章，大声宣称："我敢断言，世界上没有一个地方，没有一个国家，在这几年取得进步，取得的成绩能跟清朝相比拟。清朝大大地扩充贸易并大力推行税收改革制度！清朝大刀阔斧地改进军队。它经历十三年战争而没有发行一分钱公债，这是地球上任何一个国家所不能比拟的。我为它感到骄傲。在我留任清朝期间，对华贸易额由八千二百万增加到三个亿，多么惊人的增长！我相信，同将来相比，这也只不过是它巨额买卖中的一个零头。"

蒲安臣不但把别人眼里清朝倒退吹成历史性进步，而且进步程度能达到世界前列。按照他的说法，哪有什么清朝同世界接轨，应该是世界同清朝接轨才是。

这完全符合清朝士绅阶层所幻想的清朝是世界中心的理念。

嘴上说得再好听也没有用，关键是要看行动。

一行人来到美国之后，迅速就中美最关切的问题进行谈判。一边是美国国务卿熙华德，一边是代表清朝的大使蒲安臣。双方把《天津条约》翻出来，开始一番修改。没有删一条，却添加了七条。由蒲安臣代表清朝在条约上签字，承认下来。

这个恶例一开，当一行人再次坐船来到欧洲时，英、法、普、俄各国迅速找到很好的感觉，大家心照不宣，用不过于复杂的程度、手续，照着前边做法走走程序就是。

当时各地教案已经层出不穷，清朝政府焦头烂额。用一位历史老师的话，描述西方传教士在清朝所作所为：他们披着慈善外衣，戴着圣洁面纱，到外钻营觅缝，为他们政府搜集情报，通过文化和宗教手段，从思想上麻痹清朝人民，毒害清朝人民，从经济上是掠夺清朝财富。

历史老师在说这话时，对西方传教士差不多是咬牙切齿。情况是不是真是这样呢，我们在前面章节里已做详细考证。这里我唯一要重申的是，在清朝，传教士以高等人自居，养尊处优、恃强逞凶，到处惹起清朝人怒火。像台湾安平、四川酉阳、江苏扬州这样一些大教案，说蒲安臣完全不知晓，鬼都不相信。至少，如果当时是位清朝人当外交大臣，不会再出面去邀请传教士来清朝作恶。而咱们这位洋大臣，在出席华盛顿演说时，却在大声地说：我代表清朝，欢迎你们商人，来我们这个美丽国度；我代表清朝，欢迎你们传教士来我们国家。我要求传教士，把光辉十字架插到清朝每个山头和每个山谷。

这位洋大臣做到一点——鞠躬尽瘁，他死在自己任上，当他最后到达俄国时，病死在彼得堡。

是不是当时清朝真的就没有通晓外务人才以致到要请洋人当大使的地步？

就在蒲安臣出使同一年，精通外语，并且对时务研究较深的王韬，正在被清廷索捕。他从香港，流亡到伦敦。这人是一个外交人才，却惊惶得如丧家之犬。他到处流浪，依靠为传教士打工谋食度日。

一方面，用外国人当清朝大使，清朝也实在是丢尽面子，失去权利，耗费钱财；另一方面，懂外语通时务人才却得不到重用。

你看慈禧这事做的，说她不荒唐，还真说不过去。

二十二、艰难道歉之路

西方传教士在清朝越来越有社会地位优越感，就让大家找到无上荣耀；传教士又时不时地弄点破坏清朝传统习惯的创意，这也让他们感觉很是过瘾。

洋教士这么一弄，自己是快活，却有人实在是快活不起来，不但不快活，而且激起愤怒，愤怒到一定极限，反抗也随之而来。

又有一些特别喜欢闹事之人，紧紧抓住清朝人的恐慌心理，制造出洋人拐骗童男童女，剜眼取心做药的玄幻故事，搞得人心惶惶，大家一看到洋人，只有一个想法——恶魔。渐渐地，反洋教活动成为"潮流"。

每次潮水起来的时候，总是遇到一样挡在它前行道路上的东西——拦潮大坝，也即官方政府。

每次教案起来，最后都要官方政府来处理，而处理结果都是一样：清朝人吃亏，洋人得胜。

每取得一次胜利，洋人势力便要高涨一次，气焰也要嚣张一分。

为什么在洋人与官府面前，清朝人有理，却寸步难行呢？清朝人不愿意吃这些个闷亏，一定要在自己家门口，把老一代人传授的礼法维护起来。这样一来，清朝人对洋教仇恨越来越深，一波未平，一波又起，清朝进入一个推广洋教与反洋教摩擦的怪圈。

同治七年、八年两年（1868—1869），台湾教案、四川酉阳与江苏扬州三大教案，全部都在洋人武力威胁下，以赔款惩凶了事。一年时间不到，更大的教案在天津发生。

天津教案起因于官府追究迷拐幼孩的人贩子"王三"。据说，这个人贩子供出与法国天主教堂有牵连。

法国教士平日里都是头昂八尺、养尊处优的做派，在清朝人面前，气焰嚣张到天上，再加上他们后面总是跟着一群教徒，平日里仗势欺人。

清朝人对这些人早已窝着一肚子火，这会儿又听说教堂里发现人心人眼，而且是某种医药工业制成品原料。清朝人一下子就认为，那不是神圣教堂，而是魔鬼宫殿。

一群人来到教堂，说着说着，有人就愤怒起来，有人开始动起手来。那些丢失孩子的家长首先动手，用石块砖头砸向教堂。

砸就砸，要是在平日里，无非就是再多一件教案，让天津城人合起伙来赔偿。这一次，洋教士没有去找天津城知县要赔偿，直接找到法国领事。

法国领事丰大业找到天津地方官员，恣意跋扈，气势汹汹，先是动嘴，说着说着，动起手来，他的秘书西蒙拔出枪，对着知县连连开枪，知县和一名从员当即倒地而死。

得到知县、从员被射杀的消息，天津民众立刻激愤起来，一部分民众包围领事馆，用石头砖块砸向领事馆大门、围墙。

民众越聚越多，更多教堂被捣毁焚烧。多位外国传教士被愤怒的民众打死。

法国代办罗淑亚向清廷提出抗议，"小小宗教矛盾，你们政府不管不问，现在已经激化为强烈民族冲突，我们要动用战争武力，来解决这场国际纠纷。"

之前，扬州城发生教案，曾国藩出手，不管过程如何，成效是摆在那里：英国政府颇为满意。

鉴于这样一个成功的案例，总理衙门奏请皇帝，最终做出决定，"眼前十分棘手的天津教案，请曾国藩出手，就能摆平"。

曾国藩接到圣旨，心中想，眼前摆着的是一场大风大浪，要从这场大风大浪中蹚过去，里面一定危险万分。该怎么办呢？

曾国藩想到了一个人，连忙找来曾经的学生李鸿章（如今手握全国最具有战斗力的淮军），商讨对策。

李鸿章单刀直入，当面说："断不可用兵"，"以一味软磨为主"。

曾国藩掂量一番之后，拿定主意，定下一个原则：但冀和局之速成，不顾情罪之当否。

经过事先一番策划准备工作，别人眼中的滔天巨浪，曾国藩行船如履平地。

谈判很快便有结果，赔偿、惩凶，一样不能少。罗淑亚提出来，"必须派出专人，上法国皇帝那儿，登门道歉。"

平时，要上门道歉，路程不远的话，也不是什么难事。清朝离法国，那是多远距离啊，就不说那路费，坐个船，一来一回，没有几个月，还就真不行（那时还没有飞机）。

看罗淑亚那情形，哪怕是到月球上去道歉，也得去，否则，就有可能兵连祸结，麻烦事大。曾国藩咬咬牙，把这事答应下来。

这下，罗淑亚总算满意了。

如此艰难的事情，曾国藩办得如此干净利落，把一场可能战争，消灭于无形之中。曾国藩一时之间，声名鹊起，成处理教案专家。

我们分析下国际形势，真存在一场可能战争吗？曾国藩被罗淑亚彻底玩残。罗淑亚敢于玩你，用的就是一招：清朝大臣对欧洲发生的情况一无所知。

教案谈判时间是 1870 年 6 月，此时，普鲁士与法国之间战争已乌云密布，不到一个月时间，7 月，普法战争打响。在这样一个战争节点上，法国自身问题都处理不了，怎么可能拿出兵力到东方来？

法国传教士、公使在清朝耀武扬威，在欧洲却被邻居普鲁士打得落花流水。历史上著名歼灭战——色当战役，就是在天津教案第三个月展开，法国四十万部队全部被歼。

洋人与国民，反响大不一样

看看曾国藩如何让罗淑亚满意。

曾国藩第一步，以"办理不善"为名，将天津地方官立即革职，全部治罪。

天津知府张光藻、天津知县刘杰背黑锅，发配到黑龙江充军。昔日黑龙江与今天大不一样，山高林密，老虎出没，到那里，一辈子基本仕途就此终结。

二十名人员，以滋事犯定性，被砍头（正法斩首），二十五名参与者被充军。

曾国藩有惊无险，大获全胜，向皇帝上奏折，高调总结自己办理教案的成功经验。

"道光庚子以来，办理夷务方面，为什么老是失败呢？依我看，失在朝和夕战。是战是和，没有下定决心，所以，闹得外患渐深，局面不可收拾。大家看看，自皇上登基以来，外国还是跟以前一样强盛，而我，守定和议，绝无更改，因此，中外相安，十年无事。"

正当曾国藩回到家中，弹冠相庆，突然有人来向他报告一条消息，"街头巷尾的人，对曾国藩，一片骂声。士绅纷纷出面，要求政府停止议和。大臣中有人向皇帝上奏章，'请将曾国藩以误国罪议处'"。

曾国藩正在怀疑这位报告者说话的真实性，又有人来报告，"湖南同乡会，曾为夸耀曾国藩这位高贵同乡伟大功名（剿杀太平天国），在湖广会馆为其悬挂匾额，现在，出于愤慨，那块匾被人摘下来，不仅砸得粉碎，而且当柴烧。"

在会馆里挂匾，不是一般人能获得的荣耀。匾被人扯落下来，不亚于在脸上被人狠狠抽巴掌。曾国藩翻开日记本，慢慢写道，"外惭清议，内疚神明，为一生憾事"。

接到大臣奏折，西太后马上采取措施，把李鸿章调回直隶当总督，摘除北洋大臣顶戴。随后将曾国藩调回两江总督职位。

折腾

到法国去道歉，这个难题落到崇厚身上。

这次毕竟是上门去道歉啊，如果像先前那样，派个秘书之类低级别官员去，那显然不行，法国皇帝一准会说清朝是戏弄他。

崇厚是太子少保，三口通商大臣，级别够高，官职够大，这样的安排表现出清政府给足对方面子。

道歉特使来到法国，在寒风中冒着冷雨蹒跚着登上法国土地。

不过，崇厚来得实在不是时候，皇帝拿破仑三世此时正被关在普鲁士军俘虏营里。他应该有时间来接待这位东方国度远道而来的客人，然而，他没有接待自由。

没关系，咱再找找，皇帝坐牢，咱就找找外交部或是国民议会也行，要等到皇帝出狱，也不知道要等到什么时候。

还是不凑巧，外交部和国民议会这个时候不在巴黎，也一齐迁到外地避难去了，地点在波尔多。

那就赶到波多尔去。

法国有马车，有轮船，可是，要赶过去的话，就要经过交战区，风险实在是大。

只好等一等，看看人家交战情况再说吧。总不能万里奔波跑回去，跟皇帝说，我没有找到人呀。说不定，皇帝一句话，又叫你再跑回来呢。咱不能吃这个来回跑路的苦头。崇厚决定先找个地方住下来。

平时要在巴黎找个旅馆住住，那也实在是太容易了，只要有钱，啥旅馆找不到呢？此时巴黎公社正在起义，别的国家正在撤退所有在巴黎侨民。这个时候，你还往里扎猛子，不是找死吗？旅馆老板出外逃难去了。

不过，总算在这四处是叛军乱匪以及政府军、普鲁士国家军混战的地区住了下来。

接下来就是等。

终于等到普鲁士军开始局部撤退。接着听到好消息，法国流亡政府（换成梯也尔）进入凡尔赛。

崇厚很高兴，虽然自己辛苦点，总算是有道歉对象。他立即跑到凡尔赛。

一到凡尔赛，崇厚发现，自己高兴得太早，这里每一个人都非常忙，从上到下，居然没有人能安排出时间来接待他。梯也尔先是忙着搞普法媾和，接着又忙着进军巴黎去扑灭巴黎公社起义。根本就没有时间接待从清朝来的大臣赔礼道歉。

没办法，那就再等一等吧，总不能现在跑回家去。现在这个样子回国，西太后准会叫你再跑回来。既然能等到法国政府回家，那就再等他们静下来，这个时间应该不是太长。

可是，住在旅馆里当宅男，以那样的方式等待，这样的罪他已经受够了。实在是熬不住孤单和寂寞，差不多看到石头都想说上一通中国话，崇厚做出决定，先玩起来再说。

崇厚搞起旅游活动。先是渡过海峡跑到伦敦去玩。觉得这样玩不过瘾，于是坐上火轮船跑到美国华盛顿去玩一趟。

当他觉得玩也玩得差不多了，就跑到法国驻美国公使那里打听情况。

这位公使向他发出邀请，到秋末冬初，崇厚这才返回巴黎。

法国政府总算是安静了下来，崇厚决定该办办正事了。

在议和中，梯也尔受尽普鲁士铁血宰相俾斯麦的气，这会儿碰到一个道歉的，管你是不是太子少保，反正是要好好地发泄一下心中的那口恶气。

崇厚手中的国书那是致拿破仑三世的，这临时换对象，于是崇厚也临时磨墨运笔，重新写了国书。

进入王宫呈上国书之后，双方见过礼，梯也尔弄清了情况，当即对着崇厚就骂起来，指责清朝人是"恶人犯罪"，夸奖法国传教士"行善有功"。通过进一步了解他发现，清朝人竟然将法国领事官打死，梯也尔立即跳起脚来大骂清朝人愚昧，实在是太愚昧，连起码的国际法都不懂。

崇厚只好厚着脸皮听着他大声地责骂，一句话也不敢回。等他骂完，崇厚赶紧深深地鞠躬，后退三步，再次三鞠躬，表示歉意，再后退，然后出宫门——总算是完成道歉这样艰难而又艰巨的重大政治任务。

崇厚带着道歉使团，1871 年 1 月到达法国，到离开法国时，已经是 12 月，整整花去一年时间。

该玩的玩了，该做的事也做了。

如果要说起公费出国办事兼搞旅游，崇厚创造了办事时间的记录，后人一准难以打破。

二十三、裂隙湘淮

矛盾因争军功而起

学生与老师之间，关系很奇特，可以用恩与怨这样一对词来打个结。在这个结表面，是无上崇拜与无限感激，在这个结里面，是政见相异与利益纷争。

湘军、淮军矛盾在很多方面就体现在曾国藩与李鸿章这对师生的恩恩怨怨之中。

湘军、淮军之间最早的裂痕是为了争功。湘军主力大军长时间围困天京，最终攻破天京城。李鸿章在外围发力，在苏州、杭州等地拖住太天军，派出洋枪队协助作战。

应该说，左牵右扯，在这巨大战功面前，多少应该分到一点份额。

李学生向曾国藩前前后后九次提出分享战功要求，每次都遭到曾国藩无情的拒绝。

九次啊，每一次提要求时李鸿章都是绷紧神经，每一次曾国藩都是黑着脸。

人们常说，报一箭之仇，这可是九次射箭，箭箭带仇。

当一个人经过车辆9次反复碾压时，身体早已血肉模糊，何况是感情。

到湘军对捻军作战时，对曾国藩如此无赖的行为，李鸿章已经异常愤怒。

怒火中烧的李鸿章放言：湘军打捻军，"看上去好看"（这话另一层意思是：湘军只不过是中看不中用的玩意儿，真正能上战场立功的，唯我淮军是也）。

这话渐渐地传到湘军耳中。

曾国藩终于听到李学生的这番话，感到自己真是颜面大失。

别人说自己还好点，自己的学生说自己带兵打仗"中看不中用"，这面子实在是丢到家了。

战事结束之后，曾国藩与李学生都来兴办军事工业。

两人立即各占山头，用上"钩心斗角"这样一个贬义词，恰如其分。

当然，在下面两点上，两人是百分之百有着共同语言：

△ 坚决忠于爱新觉罗王室。

△ 共同主张"和戎"，对列强抱定一个信念——求和，一味地求和。

正是这种表面上的共性与内骨子里的斗争性，使得二者之间矛盾异常复杂，外人难以厘清。

派系内部纷争

在湘系首脑人物中，有两个人物非同一般，一个是左宗棠，另一个是林则徐的女婿沈葆桢。

确实是两个能人，与曾国藩之间，全然是各打各的鼓，各唱各的调。

其中原因说起来复杂，有一点很明显：这两个能人各自所拜码头不同。

在京城当官时，年轻的曾国藩一直跟着理学大师倭仁学习理学。后来，拜码头拜到穆彰阿门下。

大家不要忘记穆彰阿跟林则徐的关系，别的不说，单就禁烟问题而言，他可是林则徐的冤家对头。

沈葆桢是林则徐的女婿，穆彰阿是林则徐的对头，梁子就这样结下了。

再说左宗棠。

左宗棠比曾国藩小1岁，从年龄上说，两个人就是哥弟俩。

然而，这哥俩思想观念截然不同。

年轻时，左宗棠非常仰慕龚自珍、林则徐、魏源，崇拜他们经世致用的思想。不过，他考运实在不咋的，考试多次，始终逃不出相同的命运——不第举人。在投奔湘军之前，他的职业跟洪秀全是一样的：乡村教师。

左宗棠与曾国藩之间，本来属于道不同不相为谋的两类人。

但是，现实用战争情结把他们纽结到一起。

左宗棠虽然投湘军，但是，在道德学问、用人行政、论功行赏等方面，两人常常因观念不同而摩擦不断。

攻下南京之后，俩人之间的碰撞就越来越趋于表面化。

到晚年时期，左宗棠在西北，大力主张并亲自带队平定新疆叛乱，从事开疆扩土的重要工作。曾国藩在西南，大搞海防，又造船又建军港，认为关外那些沙漠地区可以放弃。这两个人之间的矛盾，演化成政见上的重大分歧。

政治骂战

文化人之间，要是对骂，即使在内容上一样，形式上也大不相同。

有一次，两人面对面大喷口水之后，开始用起文化人最喜欢的高级骂人方式——联句。

曾国藩出上联：季子喜言高，与我意见常相左。

左宗棠字季高，在这句话里，曾国藩巧妙地嵌进"左季高"，翰林出手就是不一般啊。

左宗棠那也是喝过墨水，当过老师的人，对这种游戏技巧，当然一看便看出端倪，他对出下联：藩臣多误国，问他经济又何曾。

曾国藩，这三个字算是给他嵌进去。"误国"这样不客气的字眼，小弟也敢用？这就不能不让人惊讶。（提示：这里的经济，跟我们今天经济的意思不一样，指的是经世济民。）

大哥只不过以倚老卖老的口气，批评小弟高谈阔论。当然，从年龄上，曾国藩也就大一岁；从职位上，那就大很多；况且人家是翰林院出来的，曾经是皇上的身边人。

而左宗棠就太直率，那藐视心态，太暴露，甚至没有给对方一点点情面。

这两人之间，在如何维护清朝江山观念及其手段上的差异引发对骂，一直延续到曾国藩永远地闭上眼睛那一天。曾国藩丧礼仪式，歌颂"文正公"功德挽联铺天盖地，挤满厅堂。曾纪泽知道父亲与左宗棠之间的恩恩怨怨，他特意留好位子，虚位以待，等着左宗棠那副祭奠对联到来。

该来的都来了，而左宗棠那副对联却迟迟未到，大家都在猜想，这左一直跟曾意见不合，难道在曾家亲戚朋友相聚的关键时候，还会对自己的老领导糗上一通吗？也正是这样的猜测，使得全家人惴惴不安。

甘肃驿骑终于到了，打开左宗棠送来的挽联一看，下联是"同心似金，攻错若石，相期毋负平生"。

还好，扔过来的不是砖头，不是瓦砾，曾纪泽心上一块石头算是落下来了。至于两人之间是不是真同心似金，这个时候，只有左宗棠心中有数。

曾国藩传承下来香火

曾国藩死后，国际事务处理工作落到李鸿章手上。李鸿章处理这些尖锐复杂事务的过程中，内心有没有一个宗旨？

人要是到中老年，在办理重大事务过程中，愈是老辣。为什么会这样？一个简单的事实是，中老年人跟青少年相比，在办理重大事务时，他心中都会有杆秤。这杆秤，已经形成一个内定宗旨，外人无论如何做他们的思想工作，如何喷口水来批他，如何用舆论来压他，他都不会轻易改变。除非有人彻底地改变他那杆秤的定盘星，而这样的人，几乎不可能有。

所以，你可以看到电影里的刑场上，一些有知识、有头脑、理智清醒的中年人，为他抱定真理，矢志不渝，面对屠刀，脸带微笑从容就义的动人情景。

他心中的这杆秤，并不是轻易就能形成的，往往与生活在他身边人的影响有着重大关系，特别是他的老师、上级，对他的影响力一定很大。

李鸿章小曾国藩十二岁，而且，曾国藩出身翰林，在京城里不但事业有成，而且学理修养高深，在李鸿章眼中，完全是一个值得一辈子学习的老师。即使他们之间在事业上有利益争斗，曾国藩的形象，已经深深地嵌入李鸿章心中。

面对重大而复杂的问题，曾国藩活在这个世界上时，李鸿章即使有自己的想法，也来听听老师的意见。对于李鸿章来说，这位老师实在是个重要人物。

现在，没有老师的指点，啥事都得李鸿章自己拿主意，做决断，到这个时候，他心中那杆秤一步步浮出水面。

自从老师去世那一天，李鸿章就开始一步步完善他心中的那杆秤，对他老师曾经的做法进行反思、掂量，慢慢地找准自己今后办事的宗旨。

在送曾国藩老师的挽联中，李鸿章有一句话，说出他此时的心声：师事二十年，薪尽火传，筑室忝列门生长。

老师那堆柴薪是烧尽，李鸿章决定，要将老师播下的火种传承下去。也就是说，他心中那杆秤，其实差不多就是接受、继承曾国藩的"成功做法"。

李鸿章传承老师的薪火时，在对外政策上，"和戎"这一政策他做得最为到位。

曾国藩主张对外不抵抗。他不抵抗不是不拿起武器跟对方干架，而是指履行那些屈辱条约时，要以一副忠诚心肠，不要表面一套背后一套。另一层意思是指在以后的对外交往中，以"诚"相见。

面对清朝遭遇的屈辱，曾国藩在世时用"尚礼"精神精诚求和，或许有他的道理。而李鸿章接手这副担子之后，世易时移，应该有不同的做法，然而，李鸿章却死死地抱定曾国藩传下来的薪火，甚至不惜以卖国方式求和。

不管如何，对这一点李鸿章确是心领神会地做，对于曾老师的观点，是坚决膺服。曾国藩对自己的一生，曾这样自夸：我生平以诚自信，我抱定一个诚字。

为什么对列强也要抱定一个诚字呢?

曾国藩对李鸿章有过一段指示，说得实在透彻。"我们现在既然没有强大的力量，尽管你如何虚强做作，他们都是看得明明白白，都是不中用的。不如老老实实，坦诚相见。与他平情说理，虽不能占到便宜，也或不致过于吃亏。"

吴渔川是曾国藩的女婿，他记述李鸿章跟他闲聊时说过一段话。李鸿章说，"大家都晓得，我前半生功名事业，都是老师提挈来。我办一辈子外交，没有闹出乱子来，都是我师一言指示之力"。

这个一言指示是多么重要，全都是上面说到的那个"诚"字。

与林则徐比，曾国藩是没有闹出什么大乱子，但是，他领导下的外交政策一直被人诟病。

在李鸿章死时，有人做了一副对联：杨三已死无昆丑，李二先生是汉奸。杨三，是京师里有名的昆剧丑角。李二，指是李鸿章（在家排行老二）。李鸿章一辈子呕心沥血力图维护清朝稳定的和戎外交，得到最高层肯定，然而，底层民众给他这样一个超级臭的定性，足见民众对他的不满。

第五章

困境下努力

二十四、我儿，只能牺牲你了

风险叫儿子扛

西太后掌权长达四十八年，其间，有不少心思花在修园子这件事情上。

掌权之后，日子稍稍过得安稳些，她就动起修复圆明园的念头。

修园子，要一样东西——银两。要是国库里存许多钱，修园子，又不像建个都城，也就无所谓。

这些年来，打这么多大仗、恶仗、持久仗，早已库空如洗。对这个情况，要说她一无所知，那也是不可能的。

为什么对修园子这事她是如此固执呢？固执到没有钱，挪用保家卫国救命钱（海军军费）也要修！这就让我们一般人难以理解了。

不管其中真正原因如何，反正结果都一样：这事历经三十年周折，终于以重修西苑开始，以大力改造清漪园告终。

为了修园子这事，内廷里几度闹翻天，不少人因此丢掉官职，也有一些人因此平步青云，腰缠万贯。而最大的恶果，是由此牺牲宝贵时间与金钱——在这宝贵时间内，本来重点工程应该是运用手中的银子搞海军建设。

起初，西太后心中有意修园子，看看花养养草，在荷花丛中划个船，把那北京的天空变成江南水乡一样美丽。大家不要忘记，她是在安徽长大的，南方经常是风和日丽、鸟语花香，不像北京，冬天刮风像下刀子，夏天热得像蒸笼。现在手中有权，打造个梦中江南庭院，应该不太难吧。

但是，即使大权在握，并不见得想什么就能做成什么，正如虽然自己大权在握，但是毕竟自己是女人，嫁给皇帝，就一辈子走不出皇宫这座金黄色的大门，连弄个微服私访，看看安徽老家都比登月球还难。

毕竟，那些喜欢嚼舌根的大臣，大有人在。要是因为修园子这事，触动他们的某根神经，什么奇奇怪怪的看法都会有。

自己既然难以启齿，她就想个法子：让儿子来打开场鼓。

为娘的要让儿子知道自己的想法，这就不是什么难事，当然，不能把儿子找来跟他说出自己的难处，那也太直接了。

但是，这等事儿，不让你说，让谁说呢？还就是你。我弄个办法，就让你说出来，一点也不为难。而且，你准会积极地说，认真地做。

西太后安排太监到同治身边去做思想工作。于是，野史里有太监们跟年轻同治大谈特谈"四春"故事片段描述，说是同治也因此想弄个园子，做做金屋藏娇活动。也有史书说，同治望眼欲穿地巴望着母亲把那个印把子给他玩玩，就向太监们打听他母亲的想法，于是，就有太监把他母亲想要个漂亮园子的想法告诉他。

无论这个过程如何，不管是哪个太监成功地做成这项牵线搭桥工作，结果是，同治给内务府下开工兴建园子计划，理由是，"两宫亲理大政多年，这会儿也累了，也需要休息，而京城虽大，却没有一个适宜于休憩游息的场所。所以，做儿子的花点小钱，修复旧园。""以备圣慈燕息，用资颐养而遂孝思"。表面上，是儿子孝顺母亲，实际上，是儿子花小钱买母亲手里大权，在同治看来，这钱花得值得，太值得。

由奢变俭华丽转身

第一个跳出来骂这个败家子的，是御史沈淮。

"这都是什么年头，浇菜园子水都不够，人和牲畜都快没水喝了，你还拿宝贝一般的水去浇花！"

小皇帝从来就没有发过脾气，在大臣们面前，是个做事认真谨慎、小心翼翼的小伙子。可是，这一次，这个小小少年脾气大变，似乎是为了母亲的幸福，他把一切都豁出去了。

小皇帝大怒，给自己戴上一顶"尊亲养亲"硕大无比的帽子，亲笔批斥沈淮的败家子理论，措辞严厉。

同治这一番动作收到效果，大臣们再也不敢作声。

有位会做事的台官，看到小皇帝这样闹下去也不是办法。如果不提出反对意见，将来会追究自己失职；如果提出反对意见，小皇帝一肚子都是脾气。这位台官会办事，最懂官场潜规则，他不当着小皇帝的面说不字，单单就找恭亲王，而且在黑夜里去找他。

恭亲王一听说是为这事，把头摇得像个拨浪鼓一样。

"早年，我就跟她为这事较劲，那时，还只有他娘有这个想法；为这事，我跟她闹个不欢而散，现在，要我一个人对付他们娘儿俩，那就真不行。"

"那时，我啊，还有个议政王头衔罩着，现如今，这头衔也没了，再也不敢为这事造次啊。"

经不住这位会办事的大臣的一劝再劝，恭亲王最终还是决定出手。经历这些年的挫折，他慢慢地摸清办事程序，变得越来越会办事。他思来想去，认识到办这件事，切不能一竿子把小皇帝的计划给灭掉，不过，先给他灭掉一部分，那应该是可以的。于是，一个折中方案从他头脑里产生。

恭亲王也给自己的方案戴了一顶大帽子——以昭节俭。只有这样，才有可能抵消小皇帝那顶帽子的威力。恭亲王拿出折中方案，是主张修复，不过，不是一次全部修复到位，而是逐步修复。

咱不反对你修园子，而且把修园子这档子浪费钱财的事，转换成"以昭节俭"的优良品德，看你如何能拒绝我的方案。

果然，小皇帝对叔叔的这个计划，没有说什么，大臣们也满意。

第一批工程预先计划为：兴建供奉历代祖宗的安佑堂，两宫太后驻跸殿宇，皇帝办事居息宫室，克日动工。

偷梁换柱

当年建宫殿，可不像我们今天建高档小区，那年代没有汽车运输建筑材料，没有吊车，没有电动工具，一切都要手工操作，可见是多么费时费力。这样一来，我们可以想象工程的复杂、浩大程度。

就这么几间宫殿，花费大量人力，耗费一年时间，还没有头绪。

同治心中焦急，好几次亲自跑到工地上去看、去催。看见眼前一大片被英法联军烧毁的废墟，单单是清理这些被烧毁的宫殿，往北京城郊运这些垃圾，工作量就非常大。

西太后心中也焦急，"四十大寿快要到了，现如今，还没个像样的办寿宴的地方。"

为了四十大寿，西太后心中焦急，容易上火。这母子两个，虽然心中各打各的算盘，最后做法都一样，就是经常性地跑到工地上看，经常性地把内务总管喊来，一顿训斥督责。

该训斥的也训斥了，该督促的也督促了，然而那工地进展全无起色。

能怪谁呢？你就是把总管头砍下来也没有用，那毕竟是工程，急是急不出来。看到皇帝、太后焦急难耐，御史姚百川，不但急皇帝之所急，还能猜出皇帝与太后之所想，灵机一动，想出一道计策。

姚百川跑到恭亲王那里献出一计。"西苑三海，在英法联军侵占北京时，未曾被毁。虽然在规模上，远远比不上圆明园，但在风景上，有三海（也就是三个小湖泊，并不是什么大海）相通，犹如江南水乡，四周景色优美。如果从修理费用上考虑，还不到修复圆明园计划的十分之一。"

听完姚百川这个计谋，恭亲王连声说好，"看来，这是个办法，可以用来对付一下这母子二人。"

恭亲王暗示天天为着修园子工程挨骂的内务府总管，那位懂得事理的总管立即重金贿赂李莲英，让这个太监领导在太后耳朵边打些招呼。

预防针打过之后，恭亲王这才进宫，将主意献给太后。

太后听了，认为这也是没办法的办法。要等那圆明园工程完工，估计那是五十大寿的事，于是就答应先搞西苑，毕竟这项工程和修复圆明园相比，容易多了。于是圆明园工程，也就决定暂时搁下了。

恭亲王很高兴，一件以往难办的事，就这样花别人的银子，贿赂太后身边的人，然后就这么轻而易举地搞定了。省国库银两，多建海军，加强海防，实在是件大事，这也避免大搞皇宫房地产工程的麻烦。

恭亲王一高兴，就把侄子那边的事给忘记了，居然没有事先向小皇帝打声招呼，就把那圆明园的工程停下来了。

同治一直眼巴巴地盯着工程进度。突然某一天，工地停工，也没有人跟他说一下。

当他明白过来是谁决定停工时，他龙颜大怒。

同治决定狠狠地治治这位叔叔。他亲笔朱谕，撤恭亲王的职，这还不算，将其等级降为郡王。他没把这个谕旨通过太后，直接就下达给恭亲王，而且，摘帽子的原因、借口，不是工程停工这事，他心中清楚，叔叔敢停下工程，幕后一定是母亲点头。他给叔叔送去的那句话是"语言之间诸多失辞"。

太后是什么人？同治帝以为不通过她下谕旨，她就不知道？她即刻把儿子叫过去，一顿责骂。你小子也不睁眼看看，真是不识时务，也不看清形势就来事。骂完之后，立即通知内阁，再下一道谕旨，而且这道谕旨名义是"朕奉两宫懿旨"，内容是对奕䜣免于追究，"着加恩赏还奕䜣原职，该亲王应即仰体朝廷训诫之意"。

两道谕旨连番而下，满朝文武被这娘儿俩的做法弄得稀里糊涂，有的大臣惊骇失措，不知这同治为什么事要跟奕䜣闹这么大别扭。

为了这事，这娘儿俩为何搞得你闹过来我闹过去呢？难道就不能统一思想共同行动？这么闹，在顶层岂不是弄出两个声音来吗？

顶层确实有两种不同的声音。这娘儿俩，跟一般人家不同，你打你的鼓，我敲我的锣，完全不在一条道上。

帝王之痛

慈禧太后手下有个极为娈爱的太监安德海。安德海工作十分尽责，他最是知道太后的爱好——唱戏，于是亲自动手，把宫里的戏班子搞得非常出色，时不时还请来京城里的名角，来宫里登台演出。太后自己还喜欢露一手，为张扬这个嗜好，每次唱戏、看戏，她都要让儿子跟自己在一起。

下班后唱戏、听戏活动，时时弄得母子俩深更半夜才回房间睡觉。

同治的老师倭仁，看到小皇帝上课老是打瞌睡，一打听，都是他娘唱戏、听戏惹的，一天，特意跑来向太后提意见。

老师意见提出来，可是孩子他妈却照玩不误，对家庭教师的那些合理化建议，淡然置之。

家长对孩子上课打瞌睡这样的大事，处理起来都如此低调，这让做老师的还有什么好说的呢。提过几次意见，倭仁也就不提了，犯不着为了学生上课打瞌睡的事，砸自己的金饭碗。

小命就这样弄丢

儿子长大，终于到了结婚年龄。在给儿子举办"大婚"前夕，太后也想着给自己添置一些新衣裳。总不能儿子结婚，做娘的连一件像样的新衣裳也没有吧？到时，在儿子婚礼大场面上也说不过去，太丢面子。当然，要说太后的新衣裳，哪一样没有？只是，这是儿子婚事，又是自己唯一的儿子，而且这儿子的工作与众不同——当皇帝。因此，要说在儿子的婚礼上，要弄件有创意的时装，也不为过。

太后派人东打听，西打听，就打听到龙衣织料来自苏、杭，而更有创意的时装，那就是从国外进口的，必定要在上海、广州沿海的通商口岸外国时装店里才能买到。

平常人买件衣裳，就自己到服装店里去挑，看中哪一件，掏银子就是。唯独太后不行，她实在是太忙，没有时间从北京跑到苏州、杭州，或上海、广州那些大城市，去旅游也不行。中国那么大，京城里每天都会发生大事，一件也离不开她。

女人都爱美，太后是女人，就想买时装，在儿子婚宴上显摆显摆，又没有时间跑服装店去挑，如何是好？

慈禧想来想去，想到一个办法。

叫跟自己最铁的人去挑。自己的爱好他知道，自己的品位他知道，自己的心思他知道，总而言之，他就是自己的影子。

慈禧在这人身边放出话来，果然，安德海中招，他毛遂自荐，主动承担这次南下采买重任。

按照清廷规矩，太监不能走出京城，哪怕是去买件衣服也不行。太后应该不是忘记这条规矩，大概是没有把这条规矩放在眼里，毕竟自己大权在握，破坏规矩，搞特殊例外，想想也不应该是什么大不了的事。规矩不还是人制定吗？制定规矩的祖宗是皇上，现如今，自己不也是吗？临时改动一下，回头改回去就是了。

这位安德海先生出京城，一下子就似乎忘记自己是谁，或许是天天在主子面前磕头下跪，这一次，走出京城地盘，也要尝尝当主子的感觉，于是，安先生便大摆排场，一路招摇过市，而且大肆地伸手勒索。

地方官跟京官不一样。京城里最大的官天天向皇帝下跪，地方上最大的官，很少或几乎没有向别人下跪的情况。

山东巡抚丁宝桢是个喜欢较真的人，他不但没有向太监下跪，还得到上头暗示，就派人把安德海捉了起来，上报内廷。

奕䜣早就想除掉这位安太监，因为安德海喜欢在西太后身边告状。奕䜣一直眼巴巴寻找着这个机会。

在这个节骨眼上，西太后生病了。真是天赐良机，他急忙找到东太后商量，两人一商议，就决定依着清朝家法做事：太监擅离皇城"格杀勿论"。

等到西太后得到这个信息，使出手段来营救，已经来不及。西太后信使飞马到达山东地界时，在济南那边，安德海已经被就地正法，人头落地。

太后突然之间失去嬖幸之人，岂不心痛，从此，对奕䜣与东太后怀恨在心。

对于母后嬖幸太监，同治早已感到非常丢脸。在杀安德海的决策中，就十分奋勇地跳起来表过态，"对这种好事，我一定要鼎力支持"。

太后派人对这事详细侦察，听说儿子也参加了这项活动，而且积极表态，就把儿子叫过来盘问。

对母亲问话，他这做儿子的不紧不慢地回答，"杀个小太监，也不是什么大事"。

她疾言厉色地告诉儿子："杀一无罪而得天下，仁者不为。这个古训你记不记得？"

要是单单从这一句话史料记载来看，第一国母这样教育儿子，那应该是相当给力的。

治不好"天花"

在同治这样一个独生子女兼皇二代身上，哪怕有再多毛病，现在他长大了，到十七岁，应该上岗工作，不能让他总是待业在家，况且，其他职务又不适合他。

有一天，他终于等到母亲撤去帘子，他堂而皇之地站在大臣们面前，光明正大地发号施令，心中一扫先前那些郁闷，甭提多高兴。

这样的风光日子没过上几天，他就发现，自己无论如何高兴不起来。母亲虽然收起帘子，却不走人，而是利用她身边的太监来探听皇帝的言语行动，如果发现不合自己意思之处就要发作。

想想看，我们长到十八岁，还有个人格独立权利，还可以向父母要求保留隐私权。这时，当皇帝儿子，正式上班工作，却处处受到母亲监视，一不合意，就要遭开口大骂。

好不容易盼到上班，有事做，谁知，上班还不如在家里歇着呢，至少在家歇着不会有人监视自己的一举一动啊。

要是母亲只是干涉一下儿子上班工作，怕他工作时出差错，这也可以理解。可是，这位第一母亲又伸手来干涉皇帝的私生活。

第一母亲经常性地旁敲侧击，要儿子疏远皇后阿鲁特氏（当年选秀时，是东太后为皇上挑选），去爱凤秀的女儿慧妃（当年慈禧为儿子挑选，只因儿子坚持喜欢阿鲁特氏，西太后才勉强让自己选的人当妃子）。

同治偏偏有几分倔强个性，不依母亲强推。实在扛不过之后，干脆一个人搬到乾清宫，无论是皇后还是慧妃，他一个都不去宠幸，过起独居生活。

当然，这独居生活一天两天还是蛮惬意，时间一长，就挺不住了。机灵太监和载澄（奕䜣的儿子，同治的同学）都看出同治的想法，于是，帮他化装，大家伙在一起，到宫外的烟花柳巷里去行走行走，看看热闹。

皇帝手上有的是银子，妓女们有调情能耐。整整有两年时间，同治把妓院当后宫。

睡妓女之后，睡出问题来，同治染上了性病——梅毒。

这就是传说中的脏病，只会在妓女与嫖客身上有，怎么能上皇帝龙体呢？太医诊断出来，却不能说出来，只能说是天花。

即使是天花，那也不是一般病，皇上用药，太后要过目；太医下药处方，都必须记录在案。

这样一来，梅毒就只能当作天花来治。

药不对症，这病还能治好吗？病人很快就一病不起。

同治一辈子没做什么大事，或者说，来不及做什么大事，而现在，死神就要降临。临死前，同治决定做一件实实在在的大事。

他知道，只要自己一闭眼，母亲一准会弄起垂帘听政法术，他现在就要亲自动手，遏制母亲的这种做法，把国家大权交到应该交接到的人手上。

要实现这个想法，实在太难，宫里差不多全都是与他这个想法作对的人。

背着母亲，同治偷偷唤来老师李鸿藻。"一定要在近支中，选择年龄大一点的人，来继承皇帝大位。"现在，要李老师亲手去实现这个伟大愿望。

听完同治口授遗命之后，李鸿藻立即感觉这事实在太重大，"年龄大一点"，什么意思？那就是不让慈禧垂帘听政。

李老师前脚跨出同治病房，后脚就没有回家，也没有找人商量办法。他首先想到，自己的头颅与真理之间有多远。如果按照同治遗命去做，与太后对着干，自己这颗头一准就保不住了。

走出同治病房后，李老师没有一分钟犹豫，直接向西太后那里跑，当即献出密旨。

看到儿子对自己这样深度背叛，慈禧恨不得亲手把这样的儿子掐死。

太后只顾自己心痛，顾不得李鸿藻还站在旁边，当即脸变得阴沉下来，把李鸿藻撵了出去。

越想越气，吩咐太监，"停止向同治进药。""养你这样的儿子，还有何用？不讲你报答养育之恩，临死前还要揣上老娘一脚。"

病人已危在旦夕，没有迅速得到药物救治，当晚就一命呜呼。

同治称帝十三年，亲政仅两年，死时十九岁。

把复杂事儿办简单

这个别人看着羡慕、自己才知道苦楚的灵魂终于上了天堂。

西太后开始物色合适的皇帝人选。还真不好找，因合她要求的实在不多。毕竟，她想要的，一定是个小朋友，最好是断奶刚会吃饭牙齿还没长的小朋友。

上天似乎在帮助她，她很快就找到一位小朋友，当然，要把这个小朋友过继给自己当儿子，并不是什么难事，而要这个小朋友来当皇帝，就有点难，毕竟，她好不容易找到这个小朋友，不是同治侄子辈分，而是同治堂弟弟辈分。这种情况，在大臣那里是很难通过的。

世上无难事，只要肯策划。

皇上驾崩，太后召开大臣会议。

会议之前，太后把一切准备工作都做好了。她找来的这位小朋友，是醇亲王奕譞刚刚四岁的儿子。太后心中非常清楚，依照清朝祖制，皇位一定是父子相继，没有堂弟继承的先例。要达到这个目的，阻力肯定非常大。要消弭这些阻力，那得多准备几招对付恭亲王和大臣。

太后的第一招是先把奕䜣父子稳住。在这关键时刻，这对父子俩最有嗣位的可能，想想看，里里外外都是她的人，而且有人就这事议论过，也不知是不是这对父子俩放出来的风。

西太后采取欲擒故纵的手法。果然如她所料，这一招果真十分管用。西太后故意就这事向他打个招呼，奕䜣连忙当即就回绝，说是皇帝大位断然不可由他们父子俩来坐。西太后顺水推舟，就这样把这位有想法的敌手困住。

随后就有人提出来，遴选一位年龄较大者。她当即给对方一顿抢白，还没有等对方反应过来，还没有等待对方在头脑里组织起反对意见，西太后立即叫奕𫍯的福晋（西太后妹妹）抱出儿子来，当众指出，这位就是新皇帝。

众位王公大臣一看，这才醒悟过来，这并不是请我们来讨论新皇帝的入选标准，而是事先设下局，是叫我们大家点头认可，于是，众大臣随声附和。新皇帝人选大事，就这样迅速通过。

西太后不选溥字辈近支王子来为同治立嗣，目的就是防止同治皇后阿鲁特氏跟她一样参与垂帘听政。

现在选的是同治兄弟辈，又是刚断奶的孩子，西太后"不得不"再次垂帘听政。"唉，想不垂帘都不行。"

四岁的载湉现在把他的游戏玩具搬到皇帝御座上来，清朝改元光绪。皇座前帘的幕重新挂起来，东、西两后，继续垂帘听政。

二十五、左宗棠入关

思想奠基

就在李鸿章、曾国藩等忙着主办洋务事业时，我们看到，有个人放下手中的洋务事业，跑到西北边疆带兵打仗。

主办洋务企业，用另一种话讲，就是赚钱，尤其是手中有大项目，有国家级项目，银子来得哗哗作响。到西北边疆去打仗，环境艰苦，是把头系在裤腰带上，危险万分。谁都情愿坐在好吃好喝的地方赚钱，谁也不愿意跑到风沙遍野的地方去拼老命。

然而，有的人跟我们常人的想法不一样，左宗棠就是这样的人。

左宗棠的前半生，头上的红珊瑚顶子，是用农民鲜血染红的——靠镇压太平天国发家；后半生，一跃而成为受无数后人崇敬的爱国英雄。

左宗棠，正在建设大项目（选址福建马尾，建设南洋海军基地），为什么突然之间，改变主意，有钱不赚，要去新疆主持风险万分的战事？

有一次，左宗棠进京赶考之后，等待结果。跟往年一样，他等来的结果仍然是会试落第。

就在他打起包袱准备回家时，突然听到沙俄在西北边境蠢蠢欲动的消息。左宗棠提起笔，诗中写道：西域环兵不计年，当年立国重开边，置省尚烦他日策，兴屯宁废度支钱。当时，社会上流传着龚自珍的主张——"在新疆置省屯边"思想。左宗棠身为一介草民，对新疆问题高度关注，积极思考。

林则徐在云南、贵州总督任上（林则徐在新疆接受劳动改造之后被再次起用）返回家里探亲，路过长沙。此时，左宗棠在陶澍（官至宫保尚书、太子少保，因整顿淮盐积弊、兴办教育等而闻名）家里当塾师。

陶澍曾与林则徐共治江苏水患，这么几重关系，使得左宗棠有一个机会见到他一向非常佩服的偶像级人物。

两个人在林则徐雇的船上开始谈起来，从古谈到今，两人共同语言越来越多，对国事感慨越聊越深。

谈到新疆问题时，林则徐讲到自己在那里谪戍时的所见所闻，大发感慨，说道："西域屯政不修，地利未尽，以致沃饶之区不能富强。"

一夜交流沟通，在这位年轻粉丝身上，左宗棠对于西域那一块非常遥远又神奇、神圣的清朝领土，产生使命感。

三大强盗不请自来

19世纪六七十年代之交，一群接一群英国殖民主义者偷偷地从印度翻山越岭进入西藏，再由西藏渗入新疆。

在中亚细亚，有位阿古柏，专心致志地以打家劫舍为主要谋生手段。

不久，他将眼光瞄准离他最近的邻居——清朝西域。

这里离清朝心脏实在太遥远，地方守军力量薄弱，设备落后。

阿古柏发现，这个地方是打家劫舍的天堂，要怎么抢就怎么抢，谁也管不着。

只要家里缺东西，阿古柏就率领匪军，到清朝新疆来抢。

英国一心想进入新疆，找来找去，找到阿古柏，双方一拍即合。

"我出枪支弹药，你出人力，组成一支国际联合抢劫团队，我们一起去新疆发财。"

以前只是单纯来搞打砸抢活动的阿古柏，丢掉以前的大刀长矛，拿起英国人赠送的洋枪洋炮，在清朝新疆地面，不仅抢劫财物，而且抢占领土，把南疆那些大一些的城镇，当作自己家住下来。

"清朝西域容易搞定，一批带枪强盗，都能在那里做窝"，俄国人得到消息，立即做出决定，"咱也将国家军队派过来，搞军事占领，分一杯羹。"

俄国人行动迅速，看准新疆形势，立即出动一批军队，把伊犁抢占下来。

俄国人感觉爽极了，随即放出风声，"这城市谁先占，谁先得。"他们感觉这就像捡到一个掉在地上的无主物品一样。

这里早已是清朝领土。早在唐朝，中原中央政权就把这块土地划为行省。在俄国军队进驻时，这里早已是清朝领土。

冬天，这地方比俄国暖和得多。这里是俄国人梦想中温暖阳光下天堂一般的地域。

英国、俄国都来到新疆，清政府再不露脸，本来是清朝的领土，就会变成人家的土地。

缩头乌龟派

新疆事变的消息一波接一波传到京城。

大臣分为两派，一派为海防派，另一派为塞防派，打出来的旗帜都一样——"保卫京城腹地"。在孰重孰轻上，观点相差万里。

直隶总督李鸿章，高声强调"海防工作，比什么都重要"。

"海防密迩京师，一旦有事，京师动摇；新疆不守，也难以危及京师。"

听起来多么舒服。直隶总督首先考虑直隶安危，也就是皇上的安危，把京师防卫工作举在头上，把皇帝一大家子的安危时时刻刻放在心上。真是尽到"直隶总督"这个官衔职责范围内应该负起的重大责任。

"你这么一说，咱就是想派你去，也不派你去，你就认认真真搞好直隶防卫工作。那个荒凉地方，你就不用考虑。"

那个又穷又远的地方，李鸿章彻底脱掉干系。

曾国藩考虑问题的角度大不一样，他说："首先要做的工作，不是去西域跟强盗阿古柏干仗，也不是跟俄国人抢伊犁，而是要全力以赴肃清回民起义。""先把家里事搞定，再去对付外国人。玉门关以外的地方，暂时放一放再说，玉门关以内的地方，现时就要做肃清回民起义的工作。"

对于曾国藩的主张，李鸿章高喊"赞成"。李鸿章看出来，曾国藩也不想去关外喝西北风。李鸿章连声赞扬曾国藩"真正是老成谋国之见"。

毕竟人家阿古柏占着我们的城池，怎么办？如果现时不去驱逐阿古柏，总不能让人家没名没分在咱们家里吃吃喝喝吧？

有大臣提出来，"给阿古柏一个名分。"跟着有大臣提出来，"阿古柏占着西域八座城池，高调要与俄国订立相互承认条约。那么，给他一个什么名分合适呢？"

有大臣说："封他一个外藩封号，让他与俄罗斯签约，大家相安无事才好。"

敢跟老师对着干

有大臣看出来，"如果依着曾国藩提出来的主张，如果依着跟在他后面起哄的那群人提出来的解决问题的办法，清朝在强盗团队面前、在无耻沙俄面前，岂不是做缩头乌龟？"

山东巡抚丁宝桢，湖南巡抚王文韶，从巡抚群中站了出来。

"曾大人或许是老了，老得没有精力到西北去吃苦受罪，我们不怪你。我们还年轻，血气方刚，就让我们去吧，我们要坚决西征，平定叛乱，还清朝以秩序。给强盗以名分，这还叫世道吗？"

这两个人大声叫喊，但声音还是太小，毕竟他俩是地方巡抚，他们的话，力量实在是太小。

左宗棠任陕甘总督，这会儿手中正握有重兵。那西域离京城虽然遥远，然而，却在他的眼皮底下，军机处很想听听他的意见。

左宗棠早已拿定主意，这会儿望着蓝蓝的天空，心里想着一件事，前边有两只拦路虎，这是我最需要扫除的障碍。

李鸿章、曾国藩的主张，如果不能推翻，即使我把自己手里的兵马全部放出去，后面皇帝不出钱出粮。在那沙漠里，军队没钱买口水喝，那就要命。即使是我打定主意要出兵，也要名正言顺。

推倒一棵小树容易，我一人推倒两棵大树，就不那么容易。

李鸿章、曾国藩都是一言九鼎的人物，何况前者是我大哥，后者是我老师，要说出跟他们俩对着干的话来，这必得要有勇气。

左宗棠说，"重新疆者，所以保蒙古，保蒙古者所以保京师。"

你李鸿章不是要扛着保京师大旗吗？咱也来把这大旗高高地举着，而且举得比你还高。

我同意你李鸿章的意见，我们工作，一切的一切，就是要保京师。保京师，东则海防，西则塞防，两者都不可偏废。

宝剑出鞘

既然把话说到这份上，就得往下走，讨论如何对付阿古柏的问题。左宗棠说，"如果不及时收复阿古柏占领的城镇，而任其刈据，这就叫自撤藩篱"。

最后，左宗棠说了句："莫让蓝眼儿射西域盘雕。"

他用这样一句非常形象的话来表达自己的决心。西域那块清朝江山，就像神秘盘雕一样宝贵，而那些侵略者，只不过是一群蓝眼睛的家伙，并不那么可怕，自己有信心有把握来收拾这群蓝眼睛的家伙。

军机大臣文祥一直都不说话，他心中早就有杆秤，一直在暗暗地等待这么一个人物出现。现在，他认为是时候对自己的政敌一剑封喉了。文祥站出来为左宗棠的话鼓掌，对他的意见表示赞赏和支持。

1875 年 4 月，经过一番热烈辩论，朝廷终于下定决心，左宗棠以钦差大臣身份督办新疆军务。

口水淹死人

就在左宗棠沙场点兵时，国内各阶层议论，国外驻清朝使节议论，都表现得非常一致，"阿古柏的专业就是到处抢劫，他的人马属于国际恐怖组织性质，而且得到英国支持，可不是轻而易举就能搞定的。""他们盘踞南疆已经多年，那里已建成他们的老巢，左宗棠从遥远的甘肃、陕西赶过去，人生地不熟，哪能是他对手啊？今日阿古柏与往日阿古柏，那可是大大不同，他要是与沙俄军队搞联合作战，左宗棠那更不是他们的对手。"

"左宗棠手下，多是南方人，而要到北边沙漠地带去用兵，首先遇到的难题，就是水土不服，而且，也不可能打个十天半个月就回来，时间长，南方人在沙漠里生活会习惯吗？"

总而言之，所有议论都对左宗棠出兵新疆打了问号。那个问号首先就是从李鸿章那里打起的。

李鸿章用一种恨铁不成钢的语气，花大力气散布失败主义言论，李鸿章说，"左倡率一班书生腐官，大言高论，不顾国家之安危。即其西路调度，不过尔尔，把握何在？"

李鸿章这几句话，差不多是把左宗棠往死里整。

李鸿章把话放在那里，就等着看西征军好戏。

左宗棠已经 64 岁，要是在我们今天，早已过退休年龄，已经不是上战场拼命的时候，该回家养老了。

左宗棠心中清楚，自己之所以现在这把花白胡子还要拎着脑袋去跟年轻人拼命，即使想图出名，那些弄来的名气，对这把老骨头也没啥子用。即使想图利，那沙漠里也没赚钱的生意，只是心中还有一项壮志未酬。动身之前，左宗棠写一封信给儿子，"我年已衰，久怀归志，特以西事大有关系，遽尔抽身，于心未尽，于义不安"。

"久怀归志"，短短四个字，说出他是多么想家。然而，与自己的小家相比，他把国看得更加重要。

于是，他整饬部下，申明纪律，严禁杀掠，对那些被解救的少数民族，"如去其虎口而归父母"。正是在这样一种解救而不是蹂躏少数民族思想的指导下，他指挥大将刘锦棠发兵新疆，北逾天山。

"缓进急战"

大军过天山之后，左宗棠没有着急向阿古柏发起进攻，一方面让长途奔袭大军抓紧时间休息，适应这里的水土气候，另一方面派出前哨部队去侦察敌情。

从收集来的各方面信息中，左宗棠有一个感觉，阿古柏盘踞在这里已经不是一年两年，确是实力雄厚，决不可轻敌，不可轻举妄动，否则，后果不堪设想。

左宗棠对身边的将官说："大敌当前，我们不向北京方面要求增兵，不可立即退兵，现在，我们一起来寻找对方破绽，寻找进攻机会。"

十天后，召开作战会议，左宗棠对参战军官们说："在与太平军、捻军较量过程中，我们已经积累了丰富的实战经验。找到下手机会，找到供我们下手的人，最为重要。

"柿子选软的捏。找到敌方软肋，先小范围求得胜利，打出我方军队信心，把战士变成虎狼。在胜利基础上，扩大战果。我们的第一目标，打破敌方军胆，使敌方遇到我方军队，不战而溃，望风而逃。

"经过这一段时间的反复侦察，我发现，北路叛逆白彦虎，无论是装备还是实力，都比南路弱。我们下定决心，集中优势兵力，先打北路弱敌。

"具体打法上，围点打援。将那些弱敌，围而不歼，放他们一个人出去，让他们去寻找援军。

"这一方面，比起围歼死磕来说，能减少我方战士伤亡，另一方面，在阿古柏派出援军路上，设下口袋，布下埋伏，达到围点打援目标。"

左宗棠考虑部队长时间在沙漠里行军，十分疲惫，因此采取这种

"缓进急战"战术。他从不让部队轻率求战，如果出击，则集中兵力，打则必胜。

左宗棠这套打法十分管用，虽然没有我们今天的无线电通信设备，左宗棠每一项指令传递得非常到位，一切按照预定计划进行，一鼓作气，解决白彦虎。

阿古柏一直都在听说清朝军队如何无能，计划着如何捡个大便宜。

这次，他看清楚自己的对手是谁，这位左宗棠不是来吃素的。

看着越聚越多的清朝军队，阿古柏很快明白，自己的这点匪军，绝不是左宗棠的对手。

顶住压力，搞死对手

左宗棠收复北疆沦陷城市（除伊犁外）之后，掉转枪口，移师南下，朝阿古柏巢穴扑过来。

英国政府一直盯着左宗棠的军事动作，就在这时，英国公使威妥玛立即通过外交途径代阿古柏向清朝乞和。

"希望清政府将阿古柏'称为喀王，俾作属国'"。

左宗棠用坚定的语气，告诉使者"坚决用兵，把阿古柏盘踞三十年的老巢，从阿克苏到和田，八座城池，一股脑全给它拔掉"。

"这群从中亚来的恐怖组织，我要他们死在清朝，全都死在这片被他们反复蹂躏的土地上！"

清军攻克库尔勒时，阿古柏大败，无处可逃，前途无望，挥刀自杀。

左宗棠率军攻克阿古柏军队的过程中，英国、俄国一直站在边上当阿古柏的啦啦队，不仅喊加油，而且放言"要派出军队支援"。

左宗棠顶住英、俄两国压力，以速度取胜，在英、俄还来不及出兵到达新疆的时候，就已经结束战事。

英国、俄国看到战事发展如此之快，形势如此不妙，赶紧打住，不再喊加油，不再派什么援军，变得规规矩矩起来，一个个都按兵不动。

重做防火墙

阿古柏已彻底搞定，下一个节目是不是将刺刀直插俄国占领的伊犁呢？

左宗棠正准备举起旗子时，朝廷发来一纸命令：不得擅自动用武力。同时，朝廷派出崇厚赴俄罗斯就收复伊犁举行谈判。

左宗棠立即停止军事进攻，同时保持严密监视态势，静静地等待谈判消息。

望着远方的荒漠，左宗棠在思考：眼下，这阿古柏已经搞定，如果现在撤军，当然可以，任务完成，我可以回家养老。

但是，如果现在从新疆撤走军队，后面一准会有英国支持阿古柏二号、阿古柏三号，到时，就不一定出现左宗棠二号、左宗棠三号。

左宗棠下定决心，"一不做二不休，彻底解决西域匪乱问题。"

一天，左宗棠召集军官、地方官员会议，左宗棠说："西域离京城实在是山高皇帝远，这里不像东边大海，造几十艘战舰就能解决问题。中原通往西域的道路，大部分是沙漠、戈壁，陆路难通，即使临时派出军队，也不是几天就能到达的。"

"以前，朝廷在这里采用军队屯边做法，然而，这一次，阿古柏用铁一样的事实说明一个问题：原有做法存在很大漏洞，病毒轻而易举就能侵入。"

"如何设定这新防火墙呢？这就要新做防毒系统。"

"我设想，新防卫系统分成两大块。一班人马，军队里那些年龄大、身体弱的人，安排他们就地转为屯守人员，为他们创造条件，让他们安心生产，扎根边疆搞建设。另一班人马，身体棒，年纪轻，进行严格操练，可演变成职业军人。"

这套防火墙让新疆在十万大军的护卫下安定下来。

完成这项工作之后，左宗棠发现，"虽然防火墙已经发挥作用，但是系统还是有漏洞。我得为这套系统打上补丁。"

"这里交通不便，落后闭塞，如果让这里保持贫穷状态，要不了多久，还会出现穷山恶水出刁民的恶性循环。"

左宗棠召集会议，布置任务，"我们的工作分为两大块。一块是：我设想一套改善行军条件的方案，在交通要道两旁，从河西走廊开始，夹道种上柳树。"

"第二大块，大力提倡种植和养殖蚕桑，把发展农牧业生产作为地方行政官头等大事来抓，作为他们考核政绩的主要依据。"

这套方案迅速得到实施，两三年之后，这些交通要道两边绿如帷幄，通往吐鲁番、乌鲁木齐，有诗人为他大唱赞歌："大将西征人未还，湖湘子弟满天山，新栽杨柳三千里，赢得春风度玉关。"有专家说，左宗棠绿化工作起到改善西域气候条件的作用。

有人据此得出结论：绿化工作与军事工作，同等重要。

舁榇出关

就在左宗棠在新疆大搞生产建设、重做防火墙时，一个不幸的消息传来，"崇厚在彼得格勒，被沙俄忽悠得晕头转向，居然签订了一个出卖伊犁的条约。"

听到消息，花白头发、花白胡须的左宗棠，握紧拳手，向着身边的将官说："我这把年纪，拼死拼活保住新疆。我们坚决不答应。"

不久，又一道消息传来，"朝廷做出决定，宣布崇厚所签条约无效，另外派出曾纪泽，到俄罗斯去，重开谈判。"

听到这个消息，左宗棠说："先之议论尚是空谈，继之以兵威才有结束也。"（对这种强盗国家，武力威胁，才会有效果。只是坐在桌子边上谈判，是不会有效果的。）

左宗棠给自己准备了一副棺材，率领大军，抬着棺木来到哈密玉门关（史称舁榇出关），立即部署收复伊犁的军事准备工作。

"清朝将军左宗棠抬着棺材出征"，驻扎在伊犁的俄军得到消息，产生了恐惧感。大家都知道，军队打仗，不怕狠的，就怕不要命的。左宗棠摆出来的就是玩命的架势。

"清朝将大量的军队，向伊犁的方向开进。"左宗棠调兵遣将的消息一阵接一阵传到伊犁的俄军中。

左宗棠睁大眼睛，调兵遣将，保持自己的军事实力优势。

朝廷上下一直在耐着心思等着谈判消息，这会儿看到左宗棠在那边就要向俄军动手，吓得不轻，赶紧找个借口把他召回北京。

左宗棠到京城，仔细一看，这才发现自己中了圈套，立即动手给刘锦棠写信，"俄事非决战不可，克日通盘筹划，无论胜负如何，非将其侵占康熙朝地段收回不可"。

康熙朝签订《中俄尼布楚条约》，两国之间疆界已经确定。数十年来，沙俄采取蚕食手法，一点一点地霸占，早已面目全非。

假若没有左宗棠、刘锦棠部署军队，"继之军威"，曾纪泽在彼得格勒只会是一场空谈。

双方谈判的结果，仍然让沙俄占不少便宜，不过，伊犁终于达到物归原主的目的。

随后，清朝在新疆建立行省。春风度过玉门关，沙俄这只北极熊暂时稍微规矩了一阵子。

"绝口不谈和议事，千秋唯有左文襄"，这是后人给左宗棠的评价。

二十六、两条路线斗争从未停止过

定好人手出使英国

光绪初年，英国在西北跟阿古柏勾勾搭搭，向新疆渗透；在西南边陲，又发生马嘉里事件。种种情况下，再不派大使出使英国，人家又要打上门来了。

朝廷再怎么念拖字诀，看看光景，这上国威仪无论如何也保不住，必须派出自己的使臣到别国家去"拜访"，无论如何再也拖不下去。

总理衙门积极地寻找人选，终于找到一个人。

在大家心目中，郭嵩焘算是个人物，算得上一个"精通洋务"的能人。作为受任出使英国的钦差大臣，他也得到"第一人"的荣光（清朝第一次派遣常驻外国使节）。

在洋务派人士眼中，郭嵩焘算第一流，堪称出类拔萃。然而，在顽固派眼中，郭嵩焘就显得非常刺眼、碍手碍脚。

听说准备派郭嵩焘出使英国，李鸿藻当着众人面，表示他的不满，一点也不给郭嵩焘面子。

清流派对郭嵩焘出使英国同样看不顺眼，在京城里那些标榜清流人士中，流传着一副对联，"出乎其类，拔乎其萃，不容于尧舜之世；未能事人，焉能事鬼（指洋人），何必去父母之邦"。

这批人，你可以说他们是中伤也不为过，你说他们是咬牙切齿，似乎更能切合他们此时的嘴脸。

有个人叫刘锡鸿，这人曾经是郭嵩焘旧部下。领导与部下，照理讲，多少有些感情。然而，两人因政见不同，同道而不同谋。

刘锡鸿来到京城后，积极结交清流派，很快学会清流派那一套做法。

批评起对手来，刘锡鸿调门更高，用词更犀利。

刘锡鸿通过李鸿章上书皇帝，对郭嵩焘的诸多见解逐条批驳，从而提出两条超级顽固论点，一时之间，顽固派们都不能望其项背。

第一，他认为：军器必须由洋人代为购买办理，完全没有必要也不能自己开局自制。他的理论听起来很有道理，"开设枪炮局肯定要招集工人，而工人肯定要学会使用机器，一旦这些精密机器被百姓学会，那么，他们就会辗转相传，这样一来，发展制造武器军事工业，一旦为平民百姓掌握，就有可能引发人民造反。"

看看这理论多么在理，当初李鸿章不也是禁止民间人士学习制造武器技术吗，这样看来，在精密武器制造方面，刘锡鸿的顽固程度，那差不多是李鸿章所不能及，也让顽固派为之惊叹。

第二，刘锡鸿认为，西洋远隔重洋，要说西洋人跨越数万里来并吞华夏，那基本不可能。正是从这个理论点出发，他认为，在外交上，尽可以以诚相见，祖怀相视，以和为主。

这个政见显然迎合了李鸿章，但是，由于他从根本上反对洋务，他这个奏折，被李鸿章看过之后便搁置一旁了。

身边炸弹

郭嵩焘出任英国大使的消息最终确定并传播出来。

刘锡鸿得到这一消息后，立即投奔到郭嵩焘门下，央求再一次当他随从。

先解决饭碗，比什么都实在。

郭嵩焘这一次大意，没有想到许多，只是看到身边这位可怜人身上穷得叮当响，因而就同意他来当个参赞，做做笔墨方面的事务性工作。

谁也不知道刘锡鸿在背后玩什么手脚，就在临出发之前，李鸿藻突然上奏，亲自保荐，提升刘锡鸿为副使。

出发前，李鸿藻秘密给刘锡鸿一封信，并且嘱咐刘锡鸿，要他随时检举揭发郭嵩焘"失检言行"。

就这样，顽固派把一颗定时炸弹放在郭嵩焘身边。

世道险恶，对身边人，不能不防。

一本日记一套书

对于出使大臣，总理衙门有严格规定，"应将交涉事件，各国风土人情，详细记载，随时咨报"。

郭嵩焘到英国之后，把他所见所闻所交涉事情，详细记成日记。

记日记，或许是个好习惯，但是，世事难料。

在办理事件的过程中，郭嵩焘人在英国，就把日记先行寄回一部分到总理衙门，作为工作汇报的一部分。

总理衙门领导们看，认为郭嵩焘记述的这些内容，能让清朝人们大开眼界，于是将这些日记刻板刊印成书，出售发行，起名叫《使西纪程》。

郭嵩焘出使英国，是有所为而去，也是有所为而写。他这套系列书，对于国人洋为中用、开阔眼界，作用力实在是不小。这套书差不多相当于今天报纸、杂志、书籍这样一本综合性介绍英国的出版物，兼具时事政治、经济观察、国际军事这样的特点。

他用心来写日记，凡是足以让国人增长见识的事物，能让国人开阔眼界的新鲜事物，他悉心搜集。在是非好恶判别上，他态度分明。然而正是这一点上，给他招来大祸。

戴有色眼镜看人——目之所及，色该为之变

一本又一本英国工作日记，在国内出版发行，到底引发什么大祸事呢？

李鸿章写给郭嵩焘的信，说得很清楚。

看过你的日记，李鸿藻就日记内容大为不平，逢人就百般诋毁。

何金寿（翰林院编修、日讲官）逢迎李鸿藻，发言盈廷。（闹到朝廷上去，果然惹来麻烦。）

原来，这本日记中称赞西方国家"法度严明，富强未艾"。

有人开骂，并且给郭嵩焘戴上一顶高帽子——"汉奸"。

只说洋人国度如何如何繁华了得、如何如何和谐，不夸咱们清朝，不是汉奸还是什么？

继而大臣们似乎发现新攻击目标，群起跟帖。何金寿冲在最前面，他向皇帝送一封奏疏，严辞弹劾，把郭嵩焘一个劲地往死里整，升级到"清朝无此臣子"高度。（清朝上层封闭、顽固到什么程度，可见一斑。）

不要以为这就是大风大浪啊，这还只是序幕。

紧接着，就是预设炸弹爆炸时间。

刘锡鸿有后台撑腰，气焰越来越旺，旺到他连自己是处在什么位置也搞不清。他现在就像太上皇一样，遇事就用起挑剔眼光，甚至当着大伙儿面，给正使刁难，让正使难堪。

如果下属跟上司只是当面挑衅，上司或许可以见招拆招，毕竟上司有自己的优势。现在这位下属，又开始玩起阴招，暗地里罗织罪名密奏朝廷。

这就不好玩了。

可是，这位下属却越玩越上瘾，只要是个事，就拿来说，哪怕不是个事，也要用极度顽固的眼光，弄成个事，非要说成是滔天大罪不可。这些事，要以今天的眼光来看，说来实在可笑，但是顽固派眼中，绝不是小事。

有一次，英国政府招待两位公使参观炮台，乘坐小轮观看他们搭建的浮桥。当时北风凛冽，英国提督看到郭嵩焘冻得直打战，就取出随身所带披风，披在郭嵩焘肩上。

在刘锡鸿密奏里，这事就不得了了，迅速构成"穿着洋服"之罪，那是跟自己老婆穿野男人衣服一样，罪该万死。

刘锡鸿舞动起刀笔功夫，在密奏里写道："即令冻死，也不当披。"

有一次，面见巴西国国主，郭嵩焘起立致敬。刘锡鸿将这事密奏朝廷，给他扣上罪名"堂堂天朝，何以向小国主致敬"。

刘锡鸿的谍报递送到京师，那边何金寿正好将这些个把柄抓个正着。

何金寿带着这一抓一大把的证据，参劾郭嵩焘"有二心于英国，欲清朝臣事之"，这样的人，除"汉奸"还会是什么呢？

这种乱扣大帽子的技能，正是这些人的看家本领之一。

张佩纶看准风头，当出手时就出手，立即再踩上一脚，跟着就上一封奏疏，要求撤换郭嵩焘，"另选忠义坚定，机警晓事之人"。

顽固派也好，清流派也好，可以站着说话不腰疼。

具体要执行这个措施时，总理衙门就棘手了：在处理对外交涉事务中，除郭嵩焘还算是能够做事外，还真难以找到更好的人选。

总理衙门置之不理。

反对派们在那里一拨又一拨地闹，闹得不可开交。这些人，你叫他们出国去做事，没有一个行，而在骂人方面，那是一个比一个狠。

就这样一直闹，又哭又骂带搞政治批斗，一斗就是两年，总理衙门实在被批得吃不消，就做出决定，将这两个人一并撤回来。

就在郭嵩焘、刘锡鸿出使英国的同一年，陈兰彬、容闳被任命为出使美国、秘鲁钦差大臣。容闳倾向，相当于郭嵩焘，而陈兰彬后台跟刘锡鸿后台，恰是同出一门。

到后来，俩人同样被搞得没有什么好下场。

朝廷里两大派别尖锐斗争，从国内搞到国外。

天天这么大风大浪地斗来斗去，洋务事业还能继续吗？

现在可以体味一下，当时洋务派生存政治环境是多么恶劣。

二十七、借分洋人之利

19世纪六七十年代，清朝商业、手工业在战后渐渐复苏，对外贸易在通商口岸开放之后一步步扩大，运输业，犹如我们今天高速公路和高架桥一样，成为当时最让人骄傲、最招人眼球，也最为赚钱的行业。

第一步插进现代运输业。和大海里清朝近代工业从军舰开始，从制造打仗用军舰到制造民用轮船，技术水平一样，就像我们今天军工厂改成民用产品生产一样，路线图都差不多。

当时以霸王身份占据长江和沿海航运的是美国商人（旗昌洋行）和英国商人（怡和洋行），后来又增加了一家（英国商人太古洋行）。有个词叫三足鼎立，这时的航运局面，正好与这词描述状况完全吻合。

根据历史定律，三足鼎立局面是会被人为打破的。

要打破它，很不容易，因为，根据清朝法令规定，清朝商人，不许做这种生意（漕运业，根据清朝政府规定，必须是官方垄断，不得民间营运）。

上有政策，下有对策。

清朝商人，特别是买办，他们之中有不少人发财，他们钱袋子里积聚了大量资金，到哪里去投资呢？最赚钱的就是外商弄航运业，这已经被看作当时最佳投资渠道。人家的成功，就摆在那里。他们赚到大把大把钱，清朝商人早已眼红。

于是，清朝有钱人开始想办法，这个被钻研出来的办法用今天我们的名词就叫"挂靠"。清朝商人们开始手里拎着黄金白银，挂靠到洋商招牌下，由清朝人投资，办起小型运输公司。

怡和洋行买办唐景星、宝顺洋行买办郑观应，就用集资经营的办法，找上亲戚朋友合伙经营，挂靠在洋行名下，专营比较安全的长江航线，开始与洋商搞起竞争，大家都来分那一块有限的蛋糕。

外商资本、清朝民间资本都来抢航运业务。在这个领域里，一直占据着垄断地位的清朝官办旧式航运业，面对越来越激烈的竞争局面，实在吃不消。

在北京与上海之间（类似于京沪线），历来都是由沙船运送糟米，极盛时期，沙船达到三千艘，而到这个时期，只剩下几百艘在维持生计。

李鸿章坐不住，他找来一直负责漕运的朱其昂，两人开始商量如何兴办新式航运事业。

几年前，丁日昌、容闳就提出来，要开放航运这一块，让清朝商人参与进来，"借分洋人之利"。

这一块蛋糕利润肯定大，而且不是一般大，看看洋商三大洋行，即使是近视眼，也能看得出来，何况李鸿章不是近视眼。

洋人用轮船就能发财，为什么我们就不可以呢？

用人不当

商量一阵之后，李鸿章做出一个决定，开办"轮船招商局"。

清朝商人们想，我们将自己的资本挂靠在洋人旗下，为什么就不可以挂靠在清朝官府旗下呢？所谓局，就是官办；所谓招商，就是让清朝商人来投资。

李鸿章以官家身份挂出这块牌子，同时邀请当时最大的买办丝商胡雪岩（即胡光墉）、天津豪富李振玉来参加。

牌子挂出来，派谁来主持？李鸿章选来选去，最终选上朱其昂。

朱老板带上银子这就出发，一鼓作气买来四艘船。一艘叫伊敦号，船身大，但是艘旧船；一艘叫福星号，船舱较小。这两艘船，说能用，凑合着还可以用用。另外两艘船，根本就不能用，只好承认长途运输损失，运过来再运回去，最后退还给卖主。

当初，李鸿章在大伙儿面前，决定起用朱老板时，那是拍着胸脯高声赞扬他"于商情颇为熟悉"，现在朱老板露出原形，只是一位会捡破烂又慷慨解囊的废物。再往里一查，更吓人的事抖搂出来，"购买价格反较洋行新船之头等好船尤贵"。这让李鸿章狠狠地头痛了一阵子。

起初，清朝商人想得都很简单，这招商局有官家做背景，上有靠山，在这里投资，保险系数一定非常高。

那些投资在洋商名下，有走沪甬线的，有走内河线小型航运公司的投资商人，一个个本来都伸长脖子，巴望着能到招商局去投资，一起发财，现在一看，吓破胆子，像朱其昂这样的玩法，不破财才怪。

胡雪岩、李振玉，先前都把银子放进包袱，准备送到招商局来投资。这下，看到朱老板买船的后果，吓得不轻，赶紧把银子放回家里。

李鸿章十分痛苦，现在，手上也就那些沙船老板送过来一万多两银子，喝水都不够啊。

用人不当！用人不当！

没办法，只得全靠官家来垫款，一垫就是十来万两银子。用八个大字正好形容当时的情景：惨淡经营，勉强开张。

中国有句古话，屋漏偏逢连夜雨。轮船招商局开张时间不长，伊敦轮在大沽遭遇台风。那时，没有今天的台风预报，大海里航行就是靠天吃饭，伊敦轮没有来得及进港避风，就在猛烈的台风中摇晃着庞大的身躯沉没到大海里去。福星轮也不见得就福星高照，在黑水洋被英国船只撞了一下，硬是没有来得及赶到修理港口，就在半途沉没。

另外两艘轮船，厚生轮和长江轮，也跟着出事故。招商局运气实在是太差（有研究学者发现，招商局运气差不是没有原因，一是洋员驾驭失职，二是轮船质量低劣）。

招商牌子挂出去有半年，投资人招不进来，账面亏损达到四万二千两白银。这么往下弄，局子不倒才怪。

有人开始出面骂人。湘系头目刘坤一愤愤不平地指责朱老板办事"既于外洋情况不熟，又于贸易未谙"。朱老板看看手上钱捞得也差不多了，该松手时就松手，正好想找个台阶下，于是，借着刘坤一吹来的这波风，递出一纸辞呈。

你朱老板能辞掉职务，两手一甩走人，这边苦了李鸿章。这么大窟窿谁去填，如何填？

再说，当初当着大伙儿面，说你左也能干，右也能干，现在弄到这步田地，叫我这张老脸往哪儿搁？大伙儿岂不说我做领导有眼无珠吗？

朱老板这么一走人，弄得李鸿章不好下台。

官场里打滚的李鸿章到底还是给自己找到了解决问题的办法，他对大家说，"这朱老板办事能力还是有，经营能力也是有，不过那能力与经验都在漕运上，于这新式航运业，'未尽得诀'"。于是，他做出决定，挽留他作为会办，专管有关漕运事。

高手出招

李鸿章新找来接班人唐景星。

唐景星在怡和洋行做事，因为十分能干，被洋人升为总买办，而且专管船务部。李鸿章看中这个人时，他正在着手筹办组建另一家华海轮船公司。

招商局这次，为挖到这个人才，不惜使用重金。

唐景星与容闳是同学关系。当年，容闳之所以有机会投到曾国藩门下，就是得到宝顺洋行高级买办曾寄圃牵引。这样的人脉圈子，让李鸿章认识到唐景星的力量。

唐景星毕竟是在清朝第一流外国公司那里学到经验，在当时，这些经验相当宝贵，实际上唐景星学到的经验也确实非常丰富。

李鸿章的目的，就是要用外国人培训出来的清朝人去抢外国人的饭碗，至于能不能抢得到，这就要看后面作为。

先前那位朱老板土得掉渣，而现在新来的这位唐景星洋得要命，不仅生活方式、言谈举止比外国人更外国人，而且思想上也完全洋化，是洋到骨子里的清朝人。

李鸿章的确是看到唐景星的丰富经验，但是，如果他知道唐景星比朱老板化公为私能力更强劲、更精通，手法更高妙，他一准高兴不起来。

唐景星来局里办的第一件事就是拉来宝顺洋行买办徐润当会办，目的是看上徐润手中的资本。两人合起伙来经营起仁和水险公司、济和水火险公司，狠狠地依附在招商局上，从这里打着招牌大肆地吸钱。

唐景星和徐润一起，做的第二件事就是找到上海广东帮，从广东帮商人中招揽投资人。这两个人人脉广大，扛着招商局这块官牌，一下子招到近百万两白银的股本。

手中有资本，下一步工作便是添置商船。

轮船到位，唐景星着手订立章程。唐景星工作搞得有声有色，洋商开始盯上他。

美国商人金能亨放出话来，"无论是过去还是未来，避免不了洋商与华商之间一场大角逐。假若贸易由华商掌握，我们的生命线不就玩儿完了吗？"

洋商在唐景星还没有发育成熟前，立即舞动大刀。

手法还是大鱼吃小鱼的惯用招数。怡和洋行联合其他两家洋行，统一行动，大幅度降低运输价格，第一步把运价减到原价一半，第二步又减到原价三分之一。

吓人吧，原来一百元才能乘船从 A 地到 B 地，现在花 30 元就行，运输公司不是亏大了吗？

是的，亏的越多越好，洋商就是要用这种亏本办法，拖死本钱小的华商。

招商局现在遇到了竞争对手给自己造成的困境：生意越好，砸钱就越多。这么竞争下去，还让人过日子吗？投资人一个个头发林里冒汗。

李鸿章靠手上独家垄断漕运原有资本，出高价收买旗昌公司旧船。接着就开辟新航线。

你在这条航路上搞低价，我随便找条大河，只要能找个靠岸的地方，只要有人、有货物，就能弄出一条航线来。反正这玩法，又用不着修马路、修铁路，船我已经有了，不要太大本钱在内河里修个轮船码头，看谁能玩儿得过谁。

老外被李鸿章这种打破游戏规则玩法搞蒙，只好低下头来。最后，招商局同怡和、太古两家签订齐价合同，大家都按统一价格搞竞争。

李鸿章这一招，还蛮管用，招商局不但渡过难关，还开辟新航线。

高手栽跟头

李鸿章这个玩法，让投资人赚得盆满钵满。

形势一片大好，投资人们立刻动起点子，促动招商局把航线开辟到国外去。

"那些国际海洋航线上，坐轮船的人，多是有钱人。他们到国外来来回回商务旅行，必须坐船（那时还没有飞机）。穷人堆里赚不到钱，有钱人的钱才好赚嘛。"

19世纪80年代初，经过几年准备之后，轮船招商局派出远洋轮船，到美国旧金山和檀香山试航。

正当所有投资人都指望着赚大钱的时候，大家投资热情高涨，招商局突然遇到来自美国的寒潮。

就在试航成功之后，准备开辟正式航线时，美国出现一股反对华人的潮流。美国海关关员，只要看到从清朝开过去的华人轮船，立即拿出一张税票，对华人轮船征收重税。

轮船赚到手的钱，实在是多，但是，还不够美国海关征收的税钱。

忙一阵子，不但白忙，还要贴老本进去。

没办法，招商局只好把这条大家看好的黄金航线掐断。

地球之大，难道只有到美国去的轮船才有人乘坐不成？

招商局接着开辟到南洋：如新加坡、小吕宋、越南航线。

也许这个时候唐景星运气不好，大量的钱投进去，就像投进大海一样。不但没有收益，还净是赔本买卖。

南洋这些国家海关没有向清朝轮船征收高关税，但是，在这条出国人员拥挤不堪的航线上，居然没有几个旅客来乘坐招商局的轮船。

而在同一航线，英国投资人的轮船里，旅客却挤得满满当当。

他们的轮船票价总比华商轮船低，英国商人跟招商局竞争，就这样从死磕价格着手。

死磕的结果是，唐景星不得不放弃这些优质航线。毕竟，英国伦敦那是世界资本集中的地方，清朝商人再怎么有手段也斗不过他们本钱多。

那毕竟是真正肥美的航线啊。19世纪80年代初，招商局拥有吨位一倍于怡和，一倍半于太古的轮船，十五年后，其轮船吨位仅能与怡和相等同，比起太古，那就不是一个重量级上。太古是大发展，招商局是大退步，能比吗？

几年搞下来，唐景星搞得没劲，他也走朱老板路子，辞职不干，带着赚到手的钱，换个行业，到开平去挖煤矿，当煤老板。

李鸿章不得不又开始为招商局找领导。这次，他留个心眼，把这个位置给自己的亲信盛宣怀。

命运为何如此不济？

轮船招商局这么痛苦地生存，我们不禁要问，这到底是体制问题，还是人的问题？

当时，知识界中有不少人看到清朝现状，纷纷开出自己的处方，其中，有一份处方立足于清朝当时取得的工商业成就，这份处方可以叫作"商战说"，也叫商战立国论。

交通业中航运领域，实在是投资少（比起铁路、公路建设来说）见效快，李鸿章呕心沥血"分洋人之利"，不惜血本与洋人商战，实在是可歌可泣。

李鸿章不但喜欢与洋人商战，更喜欢单兵作战，不要跟其他人一起搞团队合作。

1882年，华商徐卿山、余聿丰两个人，费九牛二虎之力，找来一批亲戚朋友合伙投资，买来福安轮，也想分洋人之利。可是，当轮船刚刚开到镇江时，就被政府当局毫不留情地查封没收。

知道吧，这就叫吃霸王餐。老子斗不过洋人，斗自己家人，那还不是一流水平吗？

买办商人叶澄衷，看到李鸿章这个势头，了解到他这种一贯做派，于是想出一个绕弯子的办法。

叶澄衷写了一份申报材料，呈请制造轮船，另立广运局。你搞个山头招商局，既然一个山上容不下两只老虎，我另外找个山头行吧？

这份材料辗转到直隶总督李鸿章手上，他大笔一挥，批一句"不准独树一帜"。

"完了。"叶澄衷转一大圈，又托人又送礼，努力想撑起来那个天，还是给李鸿章搞塌下来，险些搞出政治问题来。

李鸿章坚持"只此一家"，官督商办、官商合办方式，结果都是一样——臭名远扬。商人股本怕他，进去就没得回来；官府资本也怕他，进去就没得回来。

这套体制到底有什么毛病？

要是从李鸿章那里找，找到毛病不太容易。但是，又容易陷入坐而论道、纸上谈兵嫌疑。如果将一面镜子竖在洋务派面前，那一套做法存在的问题，就显现出来。

找来的这面镜子是同时期的日本。

在同一时期的日本，三菱轮船会社建立起来，时间上仅仅早于清朝轮船招商局三年。因用人得当，经营得法，日本政府无偿给予十三艘轮船，开辟到国外远洋航线，航运业从国内搞到国外。

19 世纪 80 年代成立大规模邮船会社，董事长、总经理都由政府任命，账目由大藏省审查，业务工作由政府监督。为保障投资人利益，政府保证投资人股息十五年都是八厘。这是日式官督商办模式。

会社经营第八年，股息就超过原定八厘。投资人、政府监管人，一个个喜笑颜开。

在甲午中日战争前夕，这些官督商办企业进行大改革，全部改为纯商办企业。政府完成扶上马再送一程保护工作之后，就放手。

这些经营航运企业，在战争中发挥重大作用，军队运输得到很好保障，企业也大发战争财。此时，日本航运能力，能够与老牌大英帝国航运公司邮船并驾齐驱。

这个时候的清朝，轮船招商局却一蹶不振，多次查账、改组、招添新股，始终没有起色。"分洋人之利"目的没有达到，一大批官僚和买办，倒是得到油水，他们的身体被养肥，腰包也鼓起来。

清朝政府对现代航运运作，既没有政策扶持、资金支持，又搞吃霸王餐做派，最后，害官府又害商人，两家都没有赚到钱，尽是搭老本，养肥的，只是那些擅长搞化公为私的地下活动的人才。

二十八、都是腐败惹的祸

诸君，请慎用发言权

郭嵩焘从海外归来后，被口水淹没，只得休闲在家。

对于顽固派的作为，他大为感慨。在一封条陈中，他写道，"这三四年来，言官毛举细故，见事生风；本来只不过是些睚眦小怨，非要到处寻找影响有多大、有多恶劣所谓传闻，然后一一罗列起来。疆吏之贤否，藩臬之迁擢，皆决于言官之一疏。"

别人在那里忙得汗流浃背，你们言官也在那里忙得汗流浃背，不过你们忙着鸡蛋里挑骨头。你们发挥吹毛求疵的功力，弄得做事之人，无所适从。这个啊，就是你们言官的功劳。

你们将气球越吹越大，大到将真实情况完全遮起来。最高领导者决策，却正是以你们的言论做依据。如此的弄法，真是祸害国家。

权谋与清议纽结

光绪六年（1880 年），军机处领导沈桂芬病死，李鸿藻看着这是个大好机会，就想独占军机处。

摆在他前面的人物是王文韶。

王文韶，浙江杭州人，地位仅次于沈桂芬（"南人"邦，南方洋务派保护神之一）。

现在要对这人下毒手，李鸿藻没有多想，直接就用惯用招数，指使"言官"们纷纷上奏，揭发污点定在贪污上。

想想看，王文韶处在这种位置上，只要是常人，在利益面前不会不伸手。言官们整天找王文韶证据，拿着放大镜工作。

然而，让他们有些失望，奏章写一大堆，真正起作用的证据却没有几个。不是这些言官们不努力，实在是王文韶在贪污方面不作为。

这一切，慈禧都看在眼里。

从这些弹劾奏章中，连她也没看出啥名堂。

慈禧发下话来，"既然在这一块看样子忙不出啥名堂，就不要在这一块忙活。"

作为李鸿藻手下，张佩纶还是咬住不放。

不能不说，张佩纶还是一位极具咬劲的人。他的辛苦终于有了结果。

整整花两年的宝贵时间，黑材料就写了一大堆（数十万字）。两年之后，王文韶吃不住这种持久战打法，想着自己某一天总是要被这些鸡蛋里挑骨头的人整死，还是尽早回家，多少能弄个养老费。

被卷入这场台风的，还有"南人"邦郭嵩焘、丁日昌。

人在家中坐，祸从天上落。灾祸就是这样从天上掉下来，郭嵩焘、丁日昌几次受到围攻，备受折磨。

让这两位难受的是，受攻击还不能为自己说句话，因为越是申辩，缠来的麻烦就越多。

在围攻中，南人邦备受压力，洋务运动受到前所未有的阻力。

李鸿章应对

曾国藩死后，李鸿章就成了外藩老大，他更加密切注视着朝廷里的动静。不注视不行啊，说不定哪一天，一不小心，一个不起眼的动作引起响动，就会引得西太后院子里那群"狗"狂叫不止。

在一封给郭嵩焘的信中，李鸿章写道："都中群议，无能谋及远大，但以内轻外重为患，欲收将帅疆吏之权。"

对于上面这套做法，李鸿章那是一个头两个大。

在另一封信中，他写道："清议之祸，与明季同出一辙，果孰为之耶？"（明季，指明朝末年）李鸿章害怕朝廷这些言官们的手腕。

面对慈禧这样的做法，李鸿章总算还是能想出自己的应对方法。

在一封信中，他这样写道："深宫端拱，枢廷照旧赞襄，遇事多不部议。操天下政权仍在书吏，非外臣所能力争也。但冀因循敷衍十数年，以待嗣皇亲政，未知能否支持，不生他变。"

面对太后院中放狗的做法，李鸿章不敢有所作为，那群狗，说不怕那就是假话。他差不多是抹着眼泪在说，现在只有等待，等待太后撤帘，到新皇帝做主，到那时，再来打开本来应该早就属于自己的局面。

这种情况，在一些外国人眼中，居然也是看得蛮清楚。

有位高斯特先生，在公开场合评论道，"清朝是具备可能成为头等战斗力军队的国家，不过，这是有障碍的，具体说来，就是北京当局。人们有理由认为，满洲人朝廷是害怕一支有效率的军队，因为，这将成为现在朝廷经常性威胁。"

清流派反对搞洋务，跟顽固派相比，大不一样。虽然同样是持反对观点，顽固派反对那是骨子里，是从老祖宗成法来看，用今天的话说，那就是一种文化惯性作用力。

清流派就大不一样。清流派人反对洋务，又分为两派，一派人，可以用"无知"这个词来概括。就像小孩子到医务室里被医生打针一样，因为对打针作用不解，只知道疼，就拼命地哭。

另一派人，那就是酸葡萄心理——吃不到葡萄说葡萄酸。这类人，不是绝对排洋，只要有葡萄可以抓到手，就会吃得津津有味。最突出的人是张之洞，他一走进葡萄园，就从洋务派反对派，摇身一变，在洋务上变成李鸿章第二。

洋务运动失败的原因之一

到 19 世纪 80 年代初，制造局、船政局也办了十四五年，轮船招商局也办了十来年，其他机器局、矿务局也都纷纷上马。

在初创时，总经理、CEO 们说的多么动听，展示一个又一个美好前景，而现在呢，结果就摆在那里，一个个都成监事们的话柄。这能完全怪反对派吗？董事们投资，随着时间流逝，不是在增值，而是在贬值。董事长女士正坐在金銮殿上等李鸿章的说法呢。只是，她现在还很有耐性，还没有发作。至于她是不是发作，如何发作，找一个什么样的事情发作，一切都在她的掌控之中。

刘锡鸿返回国内之后，为了表现自己，就对着正在卖力的洋务派，用上西方人常用的数字说话方式，指责起洋务派来。"凡百施为，类皆虚伪，工实之发给，十每不得五，价值之浮销，一或报三。外洋工料，尤多浮冒，报价每四五倍之多。"这些话，说得轻松自如，信手拈来（不排除信口开河），而听者呢，听得手掌心里冒汗，要是被董事长手下那帮监事查出来，那些脏水，吃不了，喝不了，人也走不了。

李鸿章那些企业里，有大臣、总督，有督办、会办、襄办、稽查，名称和机构设置与衙门一般无二。这些岗位的任职人员，哪个学过专业？想学都没有学校去进修，这能怪谁呢？他除任人唯资历，还能辨别得出那些高层管理者才能来吗？大家除坐食高俸、人浮于事，还能做什么呢？在那样一个环境里，从上到下，都是外行。不可能在上岗前来个岗位培训，因为没有也找不到既懂军事工业又懂企业管理的培训师。

李鸿章不得不相信马格里，左宗棠、沈葆桢不得不相信日意格，奕䜣不得不相信赫德。找不到专家，因而从技术到行政，从决策到执行，不得不请外行来捣鼓。

后人胡粜芬写道："清朝各局总办提调人员，或且九九之数未谙，授以矿物而不能辩，叩以机括而不能名。"

两千四百年前，孔门弟子做出重大决定，只读《四书》《五经》学六艺（六门技艺：礼、乐、射、御、书、数，属于必修课），最后一门就是数。可惜得很，这些儒家门徒在学习数学时没有用功，因此一个个都是高学历，而在数学方面，一个个都还在今天的小学算术水平。

而现在，当他们不得不走到这些企业里任职时，却不得不天天与数字打交道。

万恶的旧社会没有多少人研究矿物，先生们教学生，"多识于鸟兽草木之名"，大概有些类似于今天小学生物和自然。而这样的人，来到遍地是矿物和机械的工厂，只能是这也不能识，那也叫不出名字来。

既然为那碗饭吃，又不得不来到这里上岗，那怎么办呢？胡粜芬写道：但求不致偷工减料已属难得；器械利钝，悉听工匠指挥，茫于分晓。

一句话，管理者不得不被被管理者忽悠。

一位俞赞揭露说，"委札甫下来，荐书纷来。用人若干，薪水若干，花红若干，姑勿论事之成否，而出款已不可数计矣。无底之壑，终必匮乏"。

胡糅芬揭露出来的是管理者无知造成浪费，这位俞赞揭开无底挥霍。

在这些企业里，除无知、挥霍，还有一大难题——吃回扣。有人说，机器局管事一年，终身享用不尽。例如招商局买旗昌轮船，有人揭露内幕，说是唐景星拿五厘佣金；有人说，李鸿章拿到巨额贿款，所以轮船售价才会那么高。